AF591827

8 decembre 1841

CATALOGUE RAISONNÉ

DES

TABLEAUX

DE DIVERSES ÉCOLES,

Composant la précieuse galerie de feu M. le Cte Perregaux

PAIR DE FRANCE, OFFICIER DE LA LÉGION-D'HONNEUR ;

Par GEORGE,

Commissaire-Expert des Musées royaux.

La vente de cette collection se fera mercredi 8 et jeudi 9 décembre 1841,

DANS L'ANCIENE GALERIE LEBRUN,

Rue du Gros-Chenet, n° 4, à Paris,

PAR LE MINISTÈRE DE Me RIDEL, COMMISSAIRE-PRISEUR,

Rue Saint-Honoré, 335.

La direction de la vente est confiée à M. GEORGE.

Une EXPOSITION PARTICULIÈRE, pour laquelle on se procurera des billets, à Paris aux adresses indiquées *ci-après*, aura lieu au domicile de M. le Comte PERREGAUX, rue de la Chaussée-d'Antin, n° 9, du 25 novembre au 1er décembre, de midi à quatre heures.

Une SECONDE EXPOSITION particulière se fera dans l'ancienne galerie LeBrun, rue du Gros-Chenet, n. 4, les 3 et 4 décembre, de midi à quatre heures, et les 5, 6 et 7, de neuf heures à midi, jours auxquels l'exposition sera publique jusqu'à quatre heures.

PARIS.

IMPRIMERIE ET LITHOGRAPHIE DE MAULDE ET RENOU,

RUE BAILLEUL, 9-11, PRÈS DU LOUVRE.

1841

CE CATALOGUE SE TROUVE :

FRANCE.

A PARIS, chez	GEORGE et BRUSLÉ, galerie LeBrun, rue du Gros-Chenet, 4. Mᵉ RIDEL, commissaire-priseur, rue Saint-Honoré, 335.
BORDEAUX.	PILLOT, marchand d'objets d'art, au Chapeau-Rouge
CAEN.	ROUX (du Cantal), expert en objets d'art.
LILLE.	TENCÉ, marchand de tableaux et d'objets d'art.
LYON.	HOETH, marchand d'estampes, à la Glacière.
MARSEILLE.	LAZARD, marchand d'objets d'art, rue de la Darce.
MONTPELLIER.	ROGER, marchand d'objets d'art.
ROUEN.	HACBECTH, marchand d'estampes, rue de la Grosse-Horloge.
STRASBOURG.	TREUTTEL et WURTS, libraires.
TOULOUSE.	AVANZO frères, marchands d'estampes.

ANGLETERRE.

LONDRES.	ARTARIA Henri, Saint-James street. WOODBURN, Piccadilly. SMITH fils, New Bond street. COLNAGHI, Koespur street. CHRISTIE et MANSON, King street, Saint-James square.

BELGIQUE.

ANVERS.	Van REGEMORTER, peintre. VERLINDE, peintre.
BRUXELLES.	HÉRIS, rue Royale. THIÉLENS, rue Ducale, 15.
GAND.	DENÓTER, peintre et professeur à l'Académie.

HOLLANDE.

AMSTERDAM.	BRONDGHEEST. De LELIE.
LA HAYE.	INMERZEEL junior.
ROTTERDAM.	JACOB. HOOGSTEEG.

ALLEMAGNE.

BERLIN.	REIMER, libraire.
DRESDE.	ARNOLD, marchand d'estampes.
FRANCFORT-S.-M.	WIMPFEN et GOLDSCHMIDT, antiquaires. JUGEL, marchand d'estampes.
HAMBOURG.	COMMETER, marchand d'estampes.
LEIPZIG.	R. WEIGEL.
MANHEIM.	ARTARIA et FONTAINE.
MUNICH.	BRULLIOT, conservateur du Musée.
VIENNE.	ARTARIA et compagnie.

SUISSE.

BASLE.	SCHREIBER et WALZ, marchands d'objets d'art.
BERNE.	LAMI fils, marchand d'estampes.
GENÈVE.	MANÉGA frères, marchands d'objets d'art. BRIQUET et DUBOIS, libraires et marchands d'estampes.

ITALIE.

MILAN.	VALLARDI, marchand d'objets d'art, rue Sainte-Marguerite. ARTARIA, id. id.
TURIN.	MAGGI, marchand d'objets d'art. BOUCHERON, peintre.

N. B. — Messieurs les amateurs que des circonstances indépendantes de leur volonté empêcheraient de se rendre à la vente des tableaux de M. Perregaux, pourront s'adresser galerie LeBrun, rue du Gros-Chenet, n. 4, à MM. GEORGE et BRUSLÉ qui s'empresseront de recevoir leurs commissions.

AVIS PRÉLIMINAIRE.

De différentes parts des prix élevés ont été offerts pour plusieurs tableaux du cabinet de M. le comte Perregaux, et même des propositions ont été faites pour la collection tout entière. Ces prix ont été refusés par les héritiers de M. le comte Perregaux, parce qu'ils avaient fermement résolu de ne rien détacher de cette collection. D'un autre côté, il ne leur a pas paru convenable de la vendre en entier à l'amiable. Ils ont pensé que, dans l'état des choses, après le long temps écoulé depuis l'acquisition de ces beaux ouvrages, et en raison des modifications profondes qui se sont opérées pendant ce laps de temps, dans la valeur vénale des tableaux, ils devaient courir complètement les chances d'une vente publique. Il n'y a en effet qu'une telle vente, pour laquelle se réunira sans doute, comme en un congrès de la peinture, l'élite des amateurs, des marchands et des connaisseurs de l'Europe, qui puisse déterminer d'une manière franche et loyale, authentique et libre, le prix réel de chacune des admirables productions dont se compose la galerie que nous allons bientôt faire parcourir à nos lecteurs.

L'espérance que nous avons d'obtenir ce brillant concours, et qui ne peut manquer de se réaliser si le choix des maîtres et la perfection des tableaux suf-

DEBUT DE PAGINATION

fissent pour cela, a encore déterminé les héritiers de M. le comte Perregaux à prendre une résolution importante quant au local où cette vente aura lieu. Il y avait nécessité absolue, d'une part, à ce que ce local fût assez vaste pour permettre au public ami des arts, d'y circuler à l'aise et de s'y placer commodément, et de l'autre, à ce qu'il fût éclairé de la manière la plus favorable, tout à la fois dans l'intérêt des amateurs, qui ne doivent jamais regretter d'y voir trop bien, et dans l'intérêt des tableaux, qui ne peuvent que gagner à être exposés au plus grand jour. Mais il serait fort difficile, pour ne pas dire impossible, de trouver à Paris une habitation particulière, quelque grande et splendide qu'elle fût, qui réunît parfaitement ces deux avantages. En conséquence, il a été décidé que les tableaux de M. le comte Perregaux seraient, après une exposition préalable, vendus dans l'ancienne galerie Le Brun, rue du Gros-Chenet, n. 4. Cette galerie, où se sont faites long-temps les ventes de tableaux les plus marquantes, et entre autres celle du célèbre cabinet Lapeyrière, avait d'autant plus de titres à obtenir encore cette fois la préférence, qu'elle vient d'être agrandie, restaurée et décorée de façon à constituer désormais l'établissement le plus convenable et le plus avantageux, sous tous les rapports, pour les ventes de tableaux à Paris.

AVANT-PROPOS.

La galerie de tableaux, formée par M. le comte Perregaux est si glorieusement connue en Europe, que naturellement la nouvelle qu'elle allait être mise en vente a dû exciter un vif et profond intérêt dans le monde des arts, en même temps qu'une extrême impatience d'en voir paraître le Catalogue. Certes, si nous n'avions voulu que satisfaire cette impatience, que nous comprenons mieux que personne, il nous eût été facile de le faire. Jeter rapidement sur les tableaux un coup d'œil superficiel, les désigner d'une manière plus ou moins juste, si ce n'est tout au rebours du sujet, en donner une description incomplète et décolorée, formuler des opinions banales et qui pouvant convenir à tous les ouvrages d'un maître, ne s'appliquent dès lors à aucun ; rédiger enfin tout cela dans un style qui ne respecte pas même les règles les plus simples de la grammaire ; c'est là une recette mise chaque jour en usage, et qui a le double avantage d'épargner à ceux qui l'emploient beaucoup de peine et d'étude. Non seulement ce procédé expéditif et commode ne sera jamais le nôtre, mais dans cette circonstance particulière, alors qu'il s'agissait d'une de ces collections si rares, qui ne demandent pas moins qu'un goût parfait, une immense fortune et une vie tout entière pour se créer, nous avons pensé que la question essentielle était de bien faire, plutôt que de faire vite, et par conséquent, que nous ne devions ménager ni notre temps, ni nos soins, ni notre attention. C'était le seul et vrai moyen de remplir la promesse que le public a reçue de nous, par la voie des journaux, de lui donner des descriptions exactes et détaillées des tableaux de cette fameuse galerie; d'entrer dans des raisonnements consciencieux qui permissent de juger avec sûreté de leur mérite et de leur importance; de mettre, en un mot, les amateurs en état de s'en faire une idée aussi juste et aussi complète que possible. C'était également le seul et vrai moyen de répondre dignement à l'honorable confiance qui nous a valu la mission de présenter au public le Catalogue raisonné de la galerie de M. le comte Perregaux.

Cette galerie est la dernière, mais non la moins célèbre de celles qui se sont formées de nos jours, avec un certain éclat. D'autres ont été plus remarquables par le nombre, aucune par le choix et la perfection des tableaux. Pour arriver à ce résultat, qu'il est si difficile et si beau d'atteindre, M. le comte Perregaux s'était fait un système que nous ne saurions trop recommander à ceux qui veulent, comme lui, honorer une grande fortune par la noble passion des arts. Ce système consistait d'abord à n'admettre dans sa galerie que des productions supérieures de chaque maître, et ensuite, lorsqu'une œuvre plus parfaite lui était signalée ou présentée, à ne rien épargner pour en devenir l'heureux propriétaire. Il arriva souvent que le tableau nouveau-venu fit pâlir son prédécesseur et le remplaça : c'était donc comme une sorte d'épuration successive que subissait la galerie de M. le comte Perregaux, et au moyen de laquelle il était pour ainsi dire impossible qu'il ne finît pas par ne posséder que des chefs-d'œuvre. Mais les chefs-d'œuvre sont très rares, quelque bonne envie que l'on ait de les acquérir, et c'est là ce qui explique comment cette galerie, malgré tant de dépenses et après trente ans de recherches, fut toujours plus renommée par la qualité que par la quantité, et comment elle ne présenta jamais plus de deux ouvrages du même artiste.

Mais aussi quelle couronne d'éclatantes réputations ! quelle constellation de noms immortels ! Guillaume Van den Velde et Backhuysen, qui semblent s'être partagé l'empire des mers, pour y régner par la toute-puissance du pinceau, celui-là dans les temps calmes, celui-ci pendant les ouragans et les orages ; —L'ingénieux et brillant Berchem ;—Van der Heyden et Berk-Heyde, ces deux maîtres de la perspective, dont les toiles réfléchissent les intérieurs des villes, comme le ferait une glace pure et fidèle ; —Hobbema, Both et Ruysdael, ces trois immenses gloires de l'École hollandaise dans le paysage, auxquelles l'Italie ni l'Espagne n'ont rien à opposer, et dont la France se console avec orgueil, grâce à Nicolas Poussin et à Claude Gelée ; — Paul Potter et Albert Cuyp, ces deux peintres énergiques et naïfs de la nature champêtre ; — Ferdinand Bol, que nous ne citerions peut-être pas en ce moment, si le portrait que nous avons à offrir de lui ne faisait parfaitement comprendre pourquoi il n'y en a pas de Rembrandt dans la galerie de M. Perregaux ; — Van Huysum, l'admirable enchanteur, qui d'un coup de son pinceau transporte sur la toile les plus belles fleurs de nos jardins, moins le parfum, à la vérité, mais en revanche, douées d'un éclat qui ne pâlira plus ; — Pierre de Hooch, dont le pinceau large et fort commande, comme Dieu, à la lumière ; — Les deux Ostade avec leur coloris magique et leur puissante originalité ; — Le prince de l'École flamande, Rubens, qu'il suffit de nommer ; — Le seul rival du Titien dans le portrait, Antoine Van Dyck ; — Jean Steen, le Rabelais de la peinture ; — Terburch et Metsu, dont la palette est si riche et si harmonieuse, la touche si flatteuse et si parfaite ; — Teniers avec sa verve piquante et intarissable ; — François Micris, qui donne à ses ouvrages une parure si achevée, si séduisante ; — Karel du Jardin et Adrien Van den Velde, ces deux rivaux dans l'art de peindre le paysage et les animaux, quoique ayant chacun sa manière à lui ; — L'aimable et noble Philippe Wouwerman, le peintre fidèle et brillant des chevaux, le peintre aux compositions pleines d'élégance et de goût, et l'un des plus grands coloristes de la Hollande, avec une couleur qui lui appartient en propre ; Philippe Wouwerman à qui le tableau que l'on voit de lui dans la galerie de M. le comte Perregaux, assurerait seul l'immortalité ; — Enfin, car il faut nous arrêter, un artiste français que les étrangers eux-mêmes placent bien près du Corrége, Greuze, le peintre par excellence des scènes familières, le créateur ravissant de ces têtes, de ces demi-figures, dont un bon juge (1) a dit qu'elles avaient ramené l'École française à l'étude de la nature, et que, répandues dans tous les cabinets de l'Europe, elles avaient principalement contribué à la réputation de leur auteur, par leur nouveauté, leur noblesse, leur grâce et leur expression.

Après avoir énuméré ces noms d'une si haute illustration, après avoir dit quel scrupule, quel goût difficile M. le comte Perregaux apportait dans le choix de leurs ouvrages, avons-nous besoin d'avertir que nous avons dû nécessairement beaucoup louer en les décrivant, et faut-il nous en justifier? — Oui, cela est vrai, nous avons loué souvent, avec effusion, avec bonheur, avec enthousiasme peut-être. Et pourquoi nous serait-il interdit de sentir vivement les chefs-d'œuvre de l'art, et de laisser passer la chaleur de notre admiration dans les pages que nous leur consacrons? Nous protestons hautement que notre conscience ne pourrait rien effacer des éloges que contient ce Catalogue; comme aussi nous assurons que le mérite des tableaux qui les ont obtenus est tellement évident, incontestable, hors de ligne, que nous n'avons cru devoir signaler toutes leurs belles qualités que pour ceux qui, en France et au dehors, ne les connaissent pas. Au surplus, si contre notre attente, nos paroles ne paraissaient pas empreintes de ce ca-

(1) Taillasson, *Observations sur quelques grands peintres.*

ractère de sincérité qui porte irrésistiblement la conviction dans l'esprit des autres, nous adjurons seulement les amateurs de suspendre leur jugement pendant quelques jours, et d'attendre que nous les ayons mis en présence des trésors de la galerie Perregaux, pour se convaincre que nous n'avons nullement dépassé les bornes de la vérité.

Il est même un point capital dont on pourra s'étonner que nous n'ayons rien dit, savoir : la conservation et la pureté de ces tableaux. Mais on concevra sans peine que M. Perregaux, si difficile à tous les autres égards, n'a pas dû l'être moins en ceci ; et de là, pour nous, la nécessité de choisir entre la tâche fastidieuse de répéter la même chose à chaque article, ou de consigner ici, — une fois pour toutes, ce que nous avons préféré dans l'intérêt de nos lecteurs, — qu'il est impossible de rencontrer des peintures qui laissent moins à désirer pour la pureté et la conservation.

Peut-être s'étonnera-t-on encore que nous n'ayons pas indiqué les cabinets célèbres par où avaient passé les tableaux de M. Perregaux, avant d'entrer dans sa galerie. Si nous avons négligé cet usage adopté pour quelques catalogues, c'est, il faut le dire, que nous ne le trouvons pas exempt de tout charlatanisme, et, qu'en général, il ne nous paraît bon qu'à en imposer à la timidité des amateurs sur la faiblesse ou sur l'authenticité de certains ouvrages. Or, jamais tableaux n'ont eu moins à redouter, sous ce double rapport, même des yeux les plus clairvoyants et les plus expérimentés, que ceux de M. Perregaux. Penserait-on, par hasard, que, par cela seul qu'un tableau a figuré dans tel ou tel cabinet renommé, il en acquiert nécessairement une nouvelle valeur et comme une sorte de noblesse? Telle ne saurait être notre opinion. Nous tenons que pour les œuvres de l'art, de même que pour les hommes, il ne doit y avoir qu'une noblesse personnelle qui dérive uniquement du mérite propre à chacun. Ainsi donc, quoiqu'il nous eût été fort aisé de donner aux tableaux de M. Perregaux cette autre noblesse factice dont nous parlions tout à l'heure, en montrant qu'ils avaient déjà brillé dans plus d'une collection justement célèbre, nous avons dédaigné d'appeler l'intérêt sur eux à un titre qui ne nous semble pas de bon aloi. Mais enfin, aux personnes qui regretteraient cette omission, nous dirions qu'à défaut de toute autre illustration de ce genre, c'en serait déjà une bien grande que de sortir de la galerie Perregaux; et, toutefois, si celle-là ne leur suffisait pas, nous nous ferions un sincère plaisir de leur communiquer le résultat de nos recherches à cet égard.

TABLE
DES PEINTRES ET DES TABLEAUX
DONT IL EST FAIT MENTION DANS LE PRÉSENT CATALOGUE.

ÉCOLES FLAMANDE ET HOLLANDAISE.

ÉCOLES D'ITALIE.

ÉCOLE FRANÇAISE.

(Les tableaux suivants étaient placés dans le salon précédent la galerie.)

SUITE DE L'ÉCOLE FRANÇAISE.

(Les tableaux suivants étaient, ainsi que le Van Elst dont il a été question plus haut, placés dans les petits appartements.

CATALOGUE
RAISONNÉ
DES TABLEAUX
COMPOSANT LA GALERIE

De feu M. le Comte PERREGAUX.

ÉCOLES FLAMANDE ET HOLLANDAISE.

BACKHUYSEN (LUDOLF).

MER ORAGEUSE.

1. — De sombres nuages arrivent du fond de l'horizon, s'avancent avec rapidité et menacent de couvrir d'un épais rideau la vaste étendue du ciel. Déjà une grande partie des eaux est dans l'ombre; c'est à peine s'il reste assez de jour pour éclairer la marche d'un bateau pêcheur, suivi d'une chaloupe et voguant à pleines voiles à quelque distance d'un terrain où se repose un homme vêtu d'un habit de matelot. Quatre navires et d'autres barques sillonnent la mer en divers sens. Les vagues sont fortement agitées et viennent se briser, sur le devant, contre quelques pieux qui ont probablement servi à soutenir une digue.

Plus d'une fois déjà nous avons eu occasion, dans nos précédents catalogues, de faire remarquer combien Backhuysen est supérieur à tous les autres peintres dans la représentation des mers orageuses. Nous avons dit que nul n'avait su rendre, avec plus de vérité et d'effet, le mouvement des eaux, en leur conservant toute leur transparence ; que nul n'avait su mieux faire voguer les navires, courir les nuages à travers l'atmosphère, et reculer, dans les profondeurs de l'espace, un horizon lointain. Ce sont là des mérites qu'on est forcé d'énumérer presque chaque fois qu'on a le bonheur de présenter au public de nouvelles productions de ce maître ; mais encore les y retrouve-t-on à un plus ou moins haut degré de perfection. Or, ce que nous tenons à constater ici, c'est que nous n'avons jamais rencontré une mer orageuse de Backhuysen, qui réunît toutes ces qualités aussi complètement que le tableau dont nous entretenons en ce moment les amateurs. Il leur rappellera, sans doute, un autre tableau du même peintre, qui, dans une vente publique faite à Paris, il y a quelques mois, atteignit presque à la somme de 10,000 fr. Ce dernier tableau, nous ne faisons pas difficulté de l'avouer, était égal au nôtre pour le mérite de l'exécution ; mais enfin il ne représentait qu'une mer calme, et l'on doit convenir que pour le choix du sujet et l'intérêt de la scène, la palme reste à celui que nous venons de décrire, auquel il ferait d'ailleurs pendant de la manière la plus heureuse, à cause même du contraste qui résulterait de leur rapprochement.

Toile, hauteur 53 cent., largeur 65 cent.

BERCHEM (Nicolas).

LE PASSAGE DU BAC.

2. — Au pied d'une longue et haute chaîne de rochers imposants par leur masse et taillés à pic, dont le sommet porte encore les restes d'un vaste château-fort que sa position devait rendre inexpugnable, des paysans font reposer et rafraîchir une nombreuse troupe d'animaux, avant de passer une rivière, sur le bord de laquelle ils se sont arrêtés. Cette troupe se compose d'un bœuf de couleur roussâtre, d'un cheval blanc, d'un mulet, d'un chien, de qua-

tre chèvres et de quatre moutons; les paysans sont au nombre de six, trois hommes et trois femmes. Une de ces dernières s'est mise à genoux pour traire une chèvre dont elle reçoit le lait dans une terrine; une autre est restée montée sur le cheval, qui boit à une fontaine ombragée par quelques arbres et arbustes au bas des rochers; la troisième, cachée presqu'en entier par ce cheval, ne laisse voir que son cou et sa tête, sur laquelle elle porte un ballot. Un des hommes s'est assis au bord de la fontaine, appuyé sur son bâton; les deux autres sont tout occupés du bœuf, que l'un d'eux retient par les cornes. Le mulet est chargé des bagages de la caravane. Ces paysans paraissent attendre le retour d'un bac, que l'on voit à quelque distance, et qui, chargé d'animaux et de deux hommes, dont un à cheval, sans compter le passeur, s'éloigne pour traverser la rivière, dont le bord, dans cette partie, est couvert d'arbres, au milieu desquels on distingue une fabrique dans le goût italien.

S'il est vrai que toutes les productions de Berchem brillent à un degré à peu près égal par le charme et l'intérêt de de la composition, on doit dire à l'honneur particulier de celle-ci que ce mérite y est encore relevé par une foule d'autres qualités qu'on ne trouve ordinairement que dans les meilleurs ouvrages de ce maître. Ce n'est pas en effet ce tableau qui attirerait à Berchem un reproche qu'on lui a souvent adressé avec raison, celui de ne pas rendre ses fonds assez fuyants, de faire venir ses lointains trop en avant. Voyez, au contraire, comme cette rivière, comme les arbres qui la bordent, et surtout comme cette longue chaîne de rochers subit avec justesse, à mesure qu'ils s'enfoncent vers l'horizon, une dégradation progressive de leurs tons, une diminution de leurs contours qui deviennent de plus en plus vagues et indécis, par le double effet de la vapeur aérienne et de l'éloignement. Et puis, où donc Berchem, qui, dit-on, n'avait jamais voyagé en Italie, a-t-il appris à disposer ses lignes avec tant de grandeur et à mettre dans ses tableaux un style qu'on chercherait en vain chez ceux de ses rivaux qui n'ont pas quitté la Hollande? S'il s'élève au-dessus d'eux par ce côté, on voit bien ici qu'il ne leur cède en rien sous le rapport de la facilité et de la finesse de la touche, de la correction du dessin, de la beauté, de la force et de l'harmonie de la couleur. Il embellit sans doute la nature qu'il ne cessait cependant d'avoir sous les yeux et de prendre pour modèle; mais qui donc aurait le courage de s'en plaindre en présence de ce séduisant paysage qu'on ne peut regarder sans se rappeler les idylles de Théocrite, les églogues de Virgile et les pastorales du Tasse et du Guarini? Ces embellissements sont-ils avoués par le bon goût? C'est la question essentielle à résoudre, et sur ce point nous ne craignons pas de soumettre au jugement des connaisseurs les plus éclairés, un tableau comme celui dont nous nous occupons, où tout est chaud, coloré, lumineux, spirituel, vivant; où brille, de tout son éclat, la manière originale et ingénieuse, libre et piquante de l'artiste; où tout rit aux yeux et à l'ame, où tout est fini sans être nullement léché.

Bois, hauteur 31 cent., largeur 43 cent.

BERCK-HEYDE (GERRETS).

VUE D'UNE VILLE DE HOLLANDE.

3. — Cette vue est celle d'une grande place publique qui, sur le devant, à gauche, présente, à l'un de ses angles, une colonnade d'ordre dorique, encadrant le péristyle d'un vaste monument (l'Hôtel-de-Ville sans doute), et soutenant une terrasse fermée par une balustrade. A droite, et dans la longueur de l'un des côtés, s'élève une belle église dont la nef transversale est surmontée, à son point d'intersec-

tion avec la nef principale, d'un clocher composé de plusieurs étages octogones, ornés de colonnettes et couronnés par une construction en forme de mître à jour. La place aboutit à une rue qui s'enfonce dans l'intérieur de la ville, aussi loin que l'œil peut porter.

Ce qui frappe d'abord dans ce tableau c'est l'audace et le succès avec lesquels Berck-Heyde en a abordé toutes les difficultés. Il est rare en effet de voir une surface plane se développer aussi largement sous les yeux, et s'étendre dans tous les sens, avec une plus entière fidélité aux lois de la perspective. En outre, cette vue est animée par une foule de figures et de groupes dont la position respective est d'une justesse parfaite. Ce tableau, dont la touche est forte et nourrie, doit compter parmi les ouvrages du peintre qui approchent le plus de ceux de Van-der-Heyden pour le soin patient avec lequel tous les détails y sont rendus.

Bois, hauteur 42 cent., largeur 62 cent.

BOL (FERDINAND).

PORTRAIT D'HOMME.

4. — Il est représenté entre deux colonnes, à mi-corps, la tête vue de trois quarts et couverte d'une toque de velours noir, sur le devant de laquelle flotte une plume blanche. Il tient son menton entre l'index et le pouce de la main droite. La main gauche est gantée. Il est vêtu d'un habit à manches tailladées, du collet duquel descend un manteau dont la doublure rouge vient s'étaler sur le mur d'appui où son bras droit est accoudé, et qui unit les deux colonnes dont nous venons de parler. Sa belle chevelure retombe en anneaux sur ses épaules; deux grosses perles lui servent de pendants d'oreilles; des moustaches recouvrent sa lèvre supérieure, tandis que l'inférieure est ombragée d'un léger bouquet de poils.

On voit que cet homme est costumé avec élégance et même avec recherche. Cette parure est justifiée par la distinction de ses traits et de sa main droite qu'il semble n'avoir portée à la hauteur du menton que pour mieux attirer les yeux sur elle. Il regarde fixement devant lui avec une expression fortement caractérisée. La tête et la main offrent une beauté de couleur, une fermeté d'exécution, une magie de clair obscur qui ont fait souvent prendre ce portrait pour une œuvre de Rembrandt, dont au reste il sera déclaré digne par tous les connaisseurs. C'est une opinion que nous partageons sincèrement, et si notre conscience nous fait un devoir d'attribuer cet ouvrage à Ferdinand Bol, nous devons ajouter qu'il n'en conserve pas moins à nos yeux la plus haute valeur, et que peut-être il faut le regarder comme le chef-d'œuvre de ce maître.

Toile, hauteur 89 cent., largeur 79 cent.

BOTH (JEAN).

PAYSAGE.

5. — Déjà le soleil s'abaisse vers l'horizon et dore de ses derniers rayons les montagnes lointaines; mais bien que les ombres commencent à se prolonger sur les premiers plans, il répand encore partout une teinte chaude et lumineuse qui annonce une belle soirée d'été : l'air pur et doux de cette saison circule dans toute l'atmosphère.

La composition ne le cède pas à la beauté du coloris, et si par la belle entente de lumière et la magie de l'effet, Both, dans cette toile resplendissante de tous les feux d'un soleil d'Italie, rivalise avec les meilleures productions de Claude-Lorrain, on conviendra qu'il a su choisir un site qu'on ne se lasse pas d'admirer.

Un bouquet d'arbres s'élève avec élégance au milieu du

paysage dont il fait un des plus magnifiques ornements; d'autres arbres plantés à droite sur les rochers servent, comme les premiers, à faire juger de la distance des plans. Des racines noueuses, des plantes, des ronces, des arbrisseaux, croissent parmi des morceaux de rocs et garnissent richement tous les devants du tableau. Sur un de ces siéges pittoresques un pâtre, gardant deux chèvres, est assis et joue de sa flûte champêtre. Au second plan, des taillis couvrent la base d'une colline qui disparaît à droite derrière un rocher élevé, et s'abaisse à gauche jusque vers une rivière qui baigne le pied des montagnes à l'horizon. Un homme, monté sur un cheval blanc, s'entretient avec un villageois auquel il semble demander sa route, et derrière eux un cavalier conduisant son cheval par la bride, vient de descendre le côteau par un chemin rapide qui passe devant une citerne.

Cette description serait incomplète si l'on n'ajoutait que jamais l'exécution de Both n'a été plus brillante, sa touche plus légère et plus spirituelle, que tous les détails sont rendus avec un soin infini, en un mot que c'est un de ces ouvrages qui ne laissent rien à désirer.

Toile, hauteur 84 cent., largeur 1 mètr. 5 cent.

CUYP (ALBERT).

LE PATURAGE.

6. — Sur un tertre couvert de gazon, que longe une rivière serpentant à travers une vaste plaine, et au bord de laquelle est assis un pâtre, qui tourne le dos au spectateur, six vaches sont couchées côte à côte, tandis qu'une septième se tient debout et regarde devant elle. Ces vaches, dont la couleur est variée, forment un groupe d'une richesse et d'une beauté qu'on rencontre rarement même dans les ouvrages de Cuyp; aussi ce tableau, où la touche

803

de l'artiste éclate partout avec sa précision, sa fermeté et son énergie habituelle, offre-t-il au plus haut point, malgré la simplicité de la composition, l'intérêt pénétrant et durable de ces scènes champêtres, où la nature est reproduite avec une naïveté dont le charme l'emporte sur tous les artifices les plus savants et les plus ingénieux. On sait d'ailleurs que les tableaux de Cuyp sont étonnants de lumière et de vérité, et nous ne craignons pas de nous en rapporter aux amateurs sur le point de savoir si celui-ci n'égale pas, sous ce double rapport, les plus célèbres du maître.

Bois, hauteur 63 cent., largeur 89 cent.

DUCK (JEAN LE).

MUSICO HOLLANDAIS.

7. — Deux militaires richement costumés sont assis dans une salle basse de quelque musico hollandais, et tout en buvant et en fumant, ne laissent pas de faire la conversation avec une jeune femme d'un costume également remarquable : elle a choisi pour s'asseoir faute de mieux, et à la honte de la galanterie de ces messieurs, l'escalier en briques rouges de cette salle. A l'extrémité opposée on voit dans la demi-teinte un autre escalier où se tient une servante dont la conversation de ces militaires avec cette femme paraît piquer vivement la curiosité. Des détails remarquables par le nombre et par le choix ornent les devants de la composition; d'une part ce sont une grosse caisse sur laquelle flotte une belle draperie de soie jaune, garnie d'une broderie blanche; deux fusils de forme singulière, une longue pipe et les deux parties d'une cuirasse d'un poli éblouissant; ce sont de l'autre part, des livres et un verre rempli de vin sur des fourneaux, d'où tombe une autre draperie, à côté d'une pompe; une grande malle, une contre-basse et un

cahier de musique. Au fond, contre la muraille, sont attachés ou appendus un chandelier d'une forme inaccoutumée, des plats, des assiettes, une crémaillère, une bassinoire et un tablier.

Personne ne niera que ce tableau d'un effet brillant, d'une exécution très soignée, et d'une grande richesse de détails, ne soit un des bons ouvrages du maître.

Bois, hauteur 42 cent., largeur 62 cent.

DYCK (ANTOINE VAN).

PORTRAIT D'HOMME.

8. — Il est vu debout jusqu'à mi-jambes, et la tête tournée de trois quarts ; ses cheveux, jetés en arrière, laissent à découvert un front fortement développé ; son regard fixe et pensif annonce la profondeur de ses réflexions. Des moustaches, une mouche au menton, une barbe grise, courte et peu fournie, relèvent encore l'effet de cette physionomie grave et méditative. — Son vêtement consiste en un surtout de soie noire, surmonté d'une collerette rabattue et recouvert d'un manteau de la même étoffe. Il porte une ceinture également en soie et de larges manchettes plissées et relevées. De la main droite il tient la clef d'une montre qu'il vient d'ouvrir et qui est supportée par un pied en or ciselé, placé sur une table recouverte d'un tapis ; ses gants sont dans sa main gauche, parée d'une bague composée d'un seul brillant.

On ne saurait donner plus d'âme à un portrait ; la vie et l'intelligence animent si bien celui-ci, qu'on semble disposé à le questionner : la lumière qui frappe vivement sur le front donne un relief étonnant à la tête, et l'air qui circule autour la détache entièrement du fond. Ce qui appelle encore l'attention, ce sont les deux mains, dont on ne peut s'empêcher d'admirer la vérité, la couleur, le modelé et la touche. Nous ne parlerons pas de la brillante exécution de ce portrait, de la beauté des étoffes, de celle des linges et du soyeux des cheveux ; ce sont des qualités que l'on retrouve dans tous les bons ouvrages de Van Dyck.

Toile, hauteur 1 mètre 11 cent., largeur 91 cent.

DYCK (PHILIPPE VAN).

LA SERVANTE AMOUREUSE.

9. — Une jeune servante vient de montrer son gentil minois à une fenêtre ornée, à la manière de Mieris ou de Gérard Dow, d'un rideau vert relevé sur le côté, d'un tapis enrichi de fleurs blanches qui recouvre le mur d'appui, et d'un pot de renoncules. Nous sommes chez un rôtisseur marchand de volailles, comme l'indiquent clairement cette oie et ces perdrix suspendues au montant de la fenêtre où s'est placée notre jeune servante, sous prétexte, sans doute, d'y voir plus clair pour mieux plumer un coq qu'elle tient de la main gauche par les deux pattes. Mais pourquoi donc ce coq reste-t-il suspendu oisivement en dehors de la croisée, au lieu de se dépouiller de sa parure légère sous les doigts de celle qui le tient ? Pourquoi regarde-t-elle avec une bouche souriante, avec un œil caressant, en levant un peu la tête et en se faisant un garde de vue de sa main droite qui produit sur son joli visage une ombre portée du plus charmant effet ? — Pourquoi?.... Si vous ne l'avez déjà deviné à cette douce satisfaction épanouie sur tous ses traits qu'elle a colorés d'un si tendre incarnat, examinez, dans le fond, ce garçon rôtisseur qui s'arrête au moment où il allait mettre une volaille à la broche, et, le doigt sur la bouche en signe d'une curiosité maligne, se rejette en arrière pour

voir avec qui la jeune servante échange des regards d'intelligence.

A l'agrément de la scène, à tout l'esprit dont elle étincelle, ce petit tableau de fantaisie joint une telle fraîcheur de coloris, une telle coquetterie de faire, un moelleux si séduisant dans la touche; la main du peintre a caressé avec une prédilection si marquée les contours de ce gracieux et piquant visage de jeune fille, qu'on doit s'estimer encore heureux de posséder cet ouvrage, à défaut d'un Gérard Dou ou d'un Micris, dont il approche d'ailleurs pour le précieux de l'exécution et la douceur du pinceau.

Bois, cintré, hauteur 27 cent., largeur 19 cent.

ELST (VAN).

LES PÊCHEURS.

10. — Plusieurs bateaux viennent d'aborder, avec les fruits de leur pêche, sur la plage sablonneuse de Scheveningen, où l'on remarque un groupe de pêcheurs et de marchands qui débattent le prix du poisson.

Toile, hauteur 28 cent., largeur 31 cent.

GOYEN (JEAN VAN)

PAYSAGE.

11. — Une large rivière où se réflètent bien les accidents de ses rives, et dont le cours est animé par quatre barques à voiles et trois bateaux dont un monté par des pêcheurs qui retirent leurs filets de l'eau; cinq vaches sur un bord de cette rivière, et sur l'autre tout un vaste village, entouré d'arbres, qui s'annonce au loin par le clocher aigu de son église, tel est ce paysage de Van Goyen, dans lequel on retrouve sa touche vive et facile, sa manœuvre expéditive, et l'étude fidèle de la nature.

Bois, hauteur 42 cent., largeur 62 cent.

HEYDEN (JEAN VAN DER), ET VELDE (ADRIEN VAN DEN).

VUE DE VILLE.

12. — Cette vue a été choisie avec beaucoup de goût, et de manière à intéresser, non plus seulement par une habile entente de la perspective, et par le fini précieux des moindres objets, mais encore par la beauté et par la disposition pittoresque des édifices. Une magnifique église, dont on mesure toute la longueur sur l'un de ses côtés, et qui, dans le mélange des divers styles de son architecture, offre une grande richesse de détails, se présente ici par son chevet, couronné d'une coupole entre deux tours carrées de forme peu élevée; sa façade est surmontée d'une autre tour octogone qui porte une statue à son extrémité. Ce ne sont partout que statues, pilastres, colonnes, balustres, rosaces et autres ornements de sculpture et d'architecture. Une maison, à droite, attire aussi les regards, surtout par le merveilleux travail de la tour gothique qui se dresse à l'un de ses angles. Vers la gauche, de l'autre côté d'une belle et large rue, s'élève encore une église en partie cachée par une maison bâtie en briques, sur le devant de laquelle est planté un chêne. Au bout de cette rue, qui est décorée d'arbres, on aperçoit un grand bâtiment carré. Le ciel est d'une pureté, d'une limpidité que rien ne surpasse. Un grand nombre de petites figures, bourgeois, moines, gens du peuple, femmes, enfants, marchent, causent, s'arrêtent debout ou s'asseient à terre. Ouvrage d'Adrien Van den Velde, elles sont touchées avec cette délicatesse infinie que Van der Heyden a portée dans les moindres parties de ce tableau, où se fait admirer une observation prodigieuse de tous les détails des bâtiments, des refents des briques et des pierres, des interstices des pavés, et de la dégradation perspective. Une exactitude si minutieuse n'a pourtant pas

empêché la facilité et la franchise de la touche. Aucune peine, aucune sécheresse dans cette extrême précision, que n'offre pas toujours la miniature. De tons divers rapprochés et mariés ensemble avec un art incomparable, le peintre a produit des masses harmonieuses, fortes, vaporeuses et chaudement colorées. La vérité avec laquelle les rues s'enfoncent et les édifices se suivent l'un après l'autre, fait illusion : l'accord du tout ensemble ne laisse rien à désirer. C'est la perfection d'un genre qui demandait trois choses pour y atteindre, la couleur, l'exécution et la patience hollandaises; cette patience qui remplace le génie, au dire de Buffon.

Cuivre. Haut 29 cent., larg. 39 cent.

HOBBEMA (MINDER).

L'ENTRÉE D'UN BOIS.

13 — La destinée d'Hobbema a été singulière; les écrivains ont rarement cité son nom, ou tout au plus lui accordent-ils quelques lignes d'une extrême insignifiance; il y a trente ou quarante ans, on avait vu très peu de ses ouvrages; il était à peine connu des amateurs; c'est au point que, si parfois un de ses tableaux venait à entrer dans le commerce, les marchands en effaçaient la signature pour y substituer celle de Ruysdael. Mais, enfin, le jour de la justice a brillé aussi pour Hobbema; à cette indifférence, pour ne pas dire à ce dédain, qui l'avait poursuivi jusqu'alors, a succédé l'empressement le plus vif, le plus général pour ses paysages; les plus riches amateurs se les disputent à tout prix. Toutefois, quelque éclatante et répandue que soit aujourd'hui sa réputation, nous croyons ne pas trop nous avancer en assurant que le tableau que nous allons analyser mérite de l'augmenter encore.

Vers la droite du spectateur, à l'entrée d'un bois dont les commencements permettent de croire qu'il s'étend à plusieurs lieues à la ronde, s'ouvre une route où gisent çà et là quelques troncs d'arbres; bientôt elle passe devant une habitation rustique, ombragée par des arbres, sur laquelle l'œil s'arrête avec complaisance pour admirer sa disposition pittoresque et le piquant effet de lumière qui la met en relief. Cette route, animée par des villageois qui la suivent en différents sens, conduit sur la droite à un pays dont les dernières limites sont légèrement boisées à l'horizon, tandis qu'à gauche elle s'enfonce dans un bois touffu, après s'être dérobée un instant derrière un magnifique bouquet d'arbres qui se dressent avec fierté au milieu du tableau. A gauche une haie, soutenue par de fortes branches entrelacées, et à l'extrémité de laquelle on remarque un gros tronc d'arbre brisé, sert de séparation entre les premiers plans et un étang, au bord duquel un homme s'est assis pour pêcher à la ligne. Au delà de cet étang, une rangée de saules se détache en clair sur la masse du bois, qui occupe toute la partie gauche de la composition.

Voilà en peu de lignes tout ce paysage qui ressort avec une vigueur particulière sous un ciel où passent quelques nuages fortement contrastés, grâce auxquels Hobbema a pu distribuer partout la lumière de la manière la plus heureuse. Et maintenant faut-il insister sur l'exécution large et puissante de ce tableau, qui se distingue si éminemment des différents ouvrages du même maître, que l'on peut quelquefois accuser de maigreur et de sécheresse? sur la vérité et la simplicité de ce paysage, que l'on croirait avoir rencontré partout où l'on a eu à traverser un bois? sur l'empâtement et la fermeté de la touche? sur la splendeur de cette végétation vigoureuse? sur la richesse inépuisable de ses détails? enfin sur la savante et spirituelle dispensation de la lumière, qui se joue ça et là avec un charme et une magie incomparables? Toutes ces qualités sont trop saillantes pour ne pas être senties du premier coup par les amateurs ; ce serait, sans nul doute, leur faire injure que de s'arrêter plus long-temps à les leur signaler.

Bois. Hauteur, 61 cent., largeur, 85 cent.

HOOCH (PIERRE DE).

COUR INTÉRIEURE D'UNE MAISON HOLLANDAISE.

14. — Sur le premier plan du tableau se dessine carrément une cour de maison hollandaise pavée en briques, et terminée à droite par une cuisine, contre laquelle est adossée une pompe avec son bac en pierre, et qu'avoisinent divers ustensiles de ménage, tels qu'un chaudron, un vase en terre rouge et un balai. Deux femmes sont dans l'intérieur de cette cour ; l'une est la servante, l'autre la maîtresse de la maison. Celle-ci paraît donner des ordres à la première, qui est agenouillée et occupée à préparer un poisson qu'elle vient de retirer du chaudron et qu'elle a placé sur un plat pour le faire égoutter. Entre toutes les figures qui sont sorties du pinceau de ce peintre, aucune ne surpasse celle qui représente la maîtresse de la maison, pour la beauté et la vérité du ton, pour le naturel et la distinction de la pose et pour l'expression du geste. Un mouchoir blanc lui enveloppe la tête et se noue sous le menton; elle porte un casaquin de velours noir bordé d'hermine, et un jupon de couleur brune. Tout le monde admirera sans doute l'artifice du peintre qui a choisi pour la costumer les couleurs les plus propres à faire saillir cette figure sur les fonds du tableau.

Au delà de cette cour, fermée par une clôture de planches rouges, s'étend avec cette vérité de perspective qui est une des qualités éminentes de P. de Hooch, un jardin dont on aperçoit les divers compartiments, et que traverse un homme qui vient de descendre l'escalier de l'entrée de la maison. Sur la même ligne que ce jardin, à droite, s'élève une autre maison bâtie en briques qui borne heureusement de ce côté l'espace que l'artiste a voulu renfermer sur sa toile.

Il y a dans tout ce tableau un effet clair et harmonieux d'autant plus remarquable qu'il se produit non dans un intérieur, qui laisse tant de ressources faciles pour la piquante distribution de la lumière, mais au milieu d'une cour, en plein air, sans l'aide d'aucune opposition tranchée. C'est le comble de la difficulté vaincue ; aussi Pierre de Hooch s'est-il rarement hasardé à lutter contre celle-ci, et c'est ce qui fait de cet ouvrage un des plus étonnants et des plus précieux qu'il ait produits.

Toile, hauteur 74 cent., largeur 63 cent.

HUYSUM (Jean Van).

FLEURS ET FRUITS.

15. — Supposez un pays où le goût des fleurs soit si vif et si dominant qu'il en devienne une passion; que les hommes les plus distingués et les plus riches fassent leur bonheur et leur joie de les cultiver, leur orgueil d'étaler solennellement les produits les plus beaux qu'ils obtiennent à force de soins, de patience et de dépenses ; supposez encore que dans ce pays un homme d'un talent véritable s'adonne tout entier à peindre ces objets de la prédilection de ses compatriotes, et nécessairement deux choses arriveront : d'abord des tableaux qui répondront si parfaitement à ce goût général, seront recherchés, admirés et payés au prix le plus haut ; et les productions de cet habile artiste, à cause même de l'estime dont il les verra environnés, de l'honneur et des récompenses qu'elles lui rapporteront, ne

pourront manquer d'atteindre à la perfection du genre sous un pinceau chaque jour plus attentif, plus caressant, plus amoureux de ses ouvrages. Eh bien ! ce pays existe, c'est la Hollande ; cet artiste a existé, tout le monde l'a nommé, c'est Van Huysum ; et voilà, nous le croyons du moins, l'explication toute naturelle de cet incomparable talent pour peindre les fleurs dont le tableau que nous présentons ici, vient apporter une nouvelle et éclatante preuve.

Quelle richesse, quelle variété dans ce bouquet dont on peut dire aussi que chez lui un beau désordre est un effet de l'art ! Combien cette négligence apparente que Van Huysum a mise à le composer est préférable à une froide symétrie, à une régularité anti-pittoresque, qui fait souvent réfléchir avec regret que les fleurs étouffent pressées l'une contre l'autre, et sont emprisonnées dans un lien qui les meurtrit en les serrant trop étroitement ! Oui, dans ce vase de marbre orné d'amours sculptés, et où une eau fraîche et pure leur fait oublier, pour un instant, les sucs nourriciers du sol natal, toutes ces fleurs ont conservé une sorte de liberté qui plaît à l'âme sans choquer l'œil. C'est grâce à cette liberté, que sans trop nous faire souvenir de la différence de leur origine, Van Huysum a pu rapprocher, marier ensemble tant de productions diverses de l'empire de Flore : les tulipes avec leurs calices panachés, les roses blanches et jaunes, la rose trémière et la reine des fleurs, la rose à cent feuilles, qui ne sera point détrônée ; le pavot sous toutes ses formes, tantôt en bouton, tantôt à demi ouvert comme une grenade, et tantôt complètement épanoui; l'iris d'un bleu si doux ; l'oreille d'ours, qui semble parsemée d'yeux ; l'hortensia avec ses boules de neige légèrement nuancées de rose ; les pois qui exhalent une senteur embaumée ; les marguerites les plus humbles et les plus parées; l'odorante tubéreuse à la tige allongée et flexible; l'adorable *ne m'oubliez pas*, si chère aux amants; enfin

5?3

ces mille trésors des champs et des prairies, qui éclosent d'eux-mêmes sous les feux du soleil, au printemps, pour émailler avec une inépuisable fécondité le sein rajeuni de la nature. Et comme si Van Huysum avait voulu nous rappeler ici tous les présents des plus belles saisons de l'année, comme pour mêler à nos yeux l'utile et l'agréable, *utile dulci*, suivant le précepte d'Horace, il a déposé sur le marbre qui soutient son bouquet, des grappes d'un raisin vermeil et transparent, et des pêches à la peau veloutée, sur lesquelles un charmant caprice de l'artiste a jeté un œillet dans toute la magnificence de sa floraison, pour servir de lien entre les deux parties de la composition. Ces fleurs sont-elle peintes, ou plutôt ne viennent-elles pas d'être cueillies dans le jardin du plus riche et du plus habile horticulteur ?.... Pourquoi ne nous ferions-nous pas illusion à cet égard, lorsque tous ces papillons aux ailes diaprées, ces mouches et tous ces insectes s'y trompent bien eux-mêmes, et semblent ne venir se reposer sur elles que pour y puiser comme de coutume les sucs odorants dont ils font leur nourriture? Mais si quelque esprit trop positif voulait à toute force nous ramener à la réalité, et nous démontrer que nous sommes dupes des prestiges de l'art; tant mieux, dirions-nous encore, car les fleurs naturelles passent vite, et celles-ci ne se faneront pas.

Bois, hauteur 79 cent., largeur 61 cent.

JARDIN (KAREL DU).

LE PASSAGE DU GUÉ.

16. — Sous un ciel d'un éclat ravissant, d'une pureté virginale, si l'on veut bien nous passer cette expression, d'une transparence merveilleuse; sous un ciel, en un mot, que nous comparons sans crainte à ceux de Claude-Lorrain

se déploie, avec des accidents de terrain variés, un pays montagneux que l'art magique de Karel du Jardin fait reculer, par la plus savante dégradation des tons et la succession de plans la plus habilement observée, jusqu'aux dernières bornes de l'horizon le plus lointain que l'œil puisse découvrir dans un beau jour d'été. A droite, s'élèvent les différents étages d'une montagne couronnée par des ruines; sa base est baignée par une rivière dont les eaux limpides, resserrées long-temps entre des coteaux, se sont échappées par une rive plus basse pour s'étendre sur les devants du paysage et former un gué que passe en ce moment un groupe de personnages et d'animaux dont on a peine à s'arracher dès qu'une fois on y a porté la vue. Que la pose de cette femme qui a retroussé sa jupe pour ne pas la mouiller, et qui porte le flanc gauche en avant pour y retenir son enfant avec son bras, tandis qu'elle regarde en arrière de peur que les animaux ne la suivent de trop près; que cette pose est vraie, simple, naturelle! Que cette figure est belle de dessin et même de style! Un chien la suit en japant joyeusement, et à ses côtés marche une chèvre. Ensuite se présentent de face trois animaux qui offrent un raccourci dont la difficulté vraiment effrayante est vaincue avec le plus rare bonheur. Ces trois animaux sont, d'une part, un ânon, de l'autre une vache, et entre eux deux un mulet dont il faut s'arrêter à détailler l'accoutrement. Aux deux côtés de son bât, garni en dessous d'une peau dont la toison blanche le déborde par-devant, pendent des paniers lourdement chargés, fermés et recouverts d'une toile bleuâtre; il porte aussi un collier de peau de mouton qui a conservé sa laine et auquel est attaché une grosse sonnette; sa tête est enveloppée dans un filet en corde orné tout autour de houppes blanches et bleues; enfin, trois larges et brillantes médailles de cuivre lui couvrent le front. Derrière le mulet vient un pâtre monté sur un cheval blanc, vêtu de guenilles pittoresques, et accompagné d'un jeune garçon qui s'entretient avec lui de la voix et du geste. Une chèvre et d'autres bestiaux, qu'on aperçoit sur un plan plus éloigné, semblent indiquer qu'un nombreux troupeau est encore là et s'apprête aussi à passer ce gué.

Le soin que nous venons de mettre à décrire ce tableau annonce assez la haute valeur qu'il doit avoir aux yeux de tous ceux qui sont organisés pour sentir la peinture. Cette description, si nous ne nous trompons, a déjà fait comprendre qu'il est parfait de composition. Si on l'examine sous le rapport de la couleur, jamais, nous le déclarons hautement, celle de Karel du Jardin, que les amateurs tiennent, à juste titre, en si haute estime, n'a été plus belle, plus sage et d'une vérité plus ravissante; jamais ses tons n'ont été fondus et dégradés avec une entente plus prodigieuse des effets de la lumière; jamais sa touche n'a été plus moelleuse et plus délicate, son pinceau plus coulant et plus flatteur à l'œil, son dessin plus juste et plus correct. Mais pourquoi s'étendre davantage? Cette toile n'étincelle-t-elle pas de beautés qui saisissent l'ignorant aussi bien que le connaisseur, tant elles sont éclatantes, et surtout tant elles sont loin de toute convention, de tout artifice plus ou moins séduisant, plus ou moins habile? Disons tout en un seul mot : cette peinture est la nature elle-même; ce tableau est un chef-d'œuvre de l'art, par la raison même que l'art ne s'y fait sentir sur aucun point.

Toile, hauteur 51 cent., largeur 47 cent.

MAAS.

UN JEUNE PAGE.

17. — Il se présente de face, vêtu d'un habit rouge galonné d'or, fixé par une ceinture autour de la taille, et

dont les manches, déboutonnées et retroussées, laissent à découvert les poignets bouffants de sa chemise; une sorte de collerette garnie de glands est nouée autour de son cou et recouvre le haut de sa poitrine; un couteau de chasse pend en bandoulière à son flanc gauche; sur son épaule droite, on distingue les nœuds de ruban qui indiquent sa condition de page. Sa tête, qui est encore celle d'un enfant, s'embellit d'une belle chevelure dont les anneaux touffus flottent sur ses épaules. Le poing droit sur la hanche, il semble accourir joyeux et fier de s'être emparé du faucon qu'il tient sur le pouce de sa main gauche, à la hauteur du front, et qui déploie ses ailes, par un mouvement ordinaire aux oiseaux, lorsque celui qui les porte marche d'un pas rapide.

Entre les différentes qualités qui recommandent ce portrait, nous nous contenterons de signaler la richesse et la transparence du coloris, la fermeté et l'empâtement de l'exécution, la vérité des chairs, le caractère de cette physionomie enfantine à laquelle deux grands yeux noirs donnent une charmante vivacité, et enfin la manière brillante dont il est éclairé.

Toile, hauteur 64 cent., largeur 53 cent.

METSU (GABRIEL).

LA COLLATION.

18. — Deux personnages, un homme et une femme de la bourgeoisie aisée, comme tout l'annonce, prennent part à cette collation, dans une salle d'intérieur, ornée au fond d'un tableau richement encadré, et à droite d'une belle et haute cheminée dont le manteau, décoré de sculptures, est soutenu par deux colonnes d'ordre composite. La tête entourée d'un mouchoir en forme de marmotte, le sein et le cou cachés par une chemise montante, sous

un corset de satin blanc broché de fleurs, et le reste du corps vêtu d'un jupon de soie violette, garni sur le devant et au bas d'une broderie blanche, la dame est assise dans une grande chaise hollandaise recouverte d'un velours attaché avec des clous de cuivre. Le cavalier, dont le costume est tout plein de recherche et d'élégance, porte des moustaches, une mouche, et une belle et abondante chevelure à la Louis XIV, qui retombe en anneaux sur ses épaules; une riche collerette, nouée avec des cordons terminés par des glands, est rabattue sur le collet d'un justaucorps boutonné étroitement autour du torse, et brodé avec luxe sur les manches; un manteau lui descend par derrière jusqu'au milieu des cuisses; un large haut-de-chausse, dont la ceinture est dessinée par des nœuds de rubans, vient s'unir vers les genoux à des bas rouges. Il s'incline légèrement, d'un air respectueux, le plus aimable sourire à la bouche, tenant de la main gauche un chapeau de feutre noir, à la ganse duquel flottent des plumes bleues, rouges et blanches; et, de la droite, il avance un pot dont il offre de verser à la dame. Celle-ci a dans sa main gauche un vidrecome à moitié rempli de vin blanc, et, de la droite, elle fait signe qu'elle ne désire pas en prendre davantage. La collation, fort légère ainsi qu'on va le voir, se compose d'une terrine de crème et d'une grande gaufre, outre un saladier de fraises qu'apporte une servante qui passe en ce moment la porte de la salle; le tout est servi sur une de ces tables doubles, à la mode du temps, en chêne massif, avec des pieds en forme de colonnes grosses et courtes qui supportent un vaste coffre dont les dehors sont enrichis de cannelures, de corniches et d'autres ornements de sculpture.

Il suffit de voir ce charmant tableau pour comprendre combien est méritée la gloire de l'école hollandaise, qui se fondée, dans sa plus grande partie, sur la perfection du coloris et de l'exécution; et à quel juste titre Metsu a pris place au rang des plus grands peintres de son pays. C'est une imitation parfaitement vraie, quoique embellie de la nature qu'il reproduit sans aucune raideur, sans aucune froideur, sans aucune gêne, avec autant de finesse assurément que les meilleurs ouvrages de Mieris. Il l'emporte sur eux par le brillant, la facilité et la franchise de la touche; par la vérité, la beauté et la chaleur des détails et de l'ensemble. Il est d'ailleurs empreint à tous les coins du rare talent qui a fait de Metsu un des plus illustres maîtres de son genre, et qui consiste à marier harmonieusement les teintes les plus opposées, comme le faisait aussi Van Dyck, ainsi qu'à détacher les couleurs semblables entre elles par la seule différence des nuances et des substances des objets, au moyen de la lumière interposée. Voulez-vous un exemple éclatant, enchanteur, de cette pratique si difficile et si savante, dont le succès résulte de la plus extrême justesse dans les dégradations, et de l'étude approfondie des modifications qu'apporte l'air ambiant dans les choses apparentes? Voyez comme cet homme se dessine, se détache bien sur un fond brun, d'un ton presque identique à celui de son costume. D'un autre côté, avec quel art cette masse de blanc produite par la coiffure, le fichu et le tablier de cette femme, s'enlève sur ce même fond, sans blesser l'œil, de la plus légère manière, malgré le violent contraste des couleurs locales! Après ces hautes et fondamentales qualités de la belle peinture que ce tableau possède à un degré si éminent, nous croyons inutile d'appuyer sur le soin délicat avec lequel tous les accessoires sont rendus, sur la justesse de la position perspective de cette table, ainsi que des divers objets qu'elle supporte; sur la saillie des mains et des bras des trois figures, et nous finirons en faisant remarquer que la composition est digne de la beauté de l'exécution.

Bois, hauteur 40 cent., largeur 31 cent.

MEULEN (VAN DER).

LA PROMENADE EN CARROSSE.

19. — Un personnage, qui paraît être un magistrat, est vêtu de noir, avec une croix en sautoir, et se montre à la portière d'un grand carrosse traîné par six chevaux ; il est accompagné et précédé de coureurs et de valets de pied, et traverse une campagne boisée et montueuse, dans le fond de laquelle on aperçoit un village. Ce tableau rappelle la manière de de Hondt et de Téniers.

Toile, hauteur 49 cent., larg. 76 cent.

MIÉRIS (FRANÇOIS).

LE CHANT INTERROMPU.

20. — Accoudée sur une table où se trouve une carafe remplie de fleurs, une jeune femme tient sur ses genoux un cahier de musique ouvert dont elle détourne son attention pour répondre à un homme à mine réjouie qui lui présente un verre de vin, et semble unir quelques propos galants à ses félicitations empressées. Le costume de cette jeune personne, d'un négligé élégant, se compose d'une camisole de satin rouge bordée d'hermine, dont les manches courtes laissent entrevoir celles de sa fine chemise, et d'un jupon de satin bleu clair et garni sur le devant d'un double galon d'or. Près d'elle repose, sur un tabouret de velours vert, un épagneul endormi.

On assure que Miéris s'est ici représenté lui-même avec sa fille ; une chose certaine, du moins, c'est que ces deux figures sont admirablement placées sous le péristyle d'un palais, où un rideau relevé laisse plonger la vue sur les massifs d'un parc orné d'une statue et d'un monument.

Tous les tableaux de Miéris se recommandent par son admirable fini et le sentiment ravissant que fait éprouver le flou et la délicatesse de son pinceau; mais celui-ci est encore un de ces ouvrages qui établissent la réputation d'un artiste, et qui sont considérés, dans leur genre, comme des chefs-d'œuvre de l'art.

Bois, hauteur 27 cent., largeur 22 cent.

MORO (ANTOINE).

PORTRAIT D'HOMME.

21. — Il est vu à mi-corps, la tète tournée de trois quarts vers le spectateur, le bras gauche porté en avant, le droit replié contre la poitrine pour ramener la main dans l'ouverture d'un surtout, dont le devant est découpé en bandes flottantes, et qui, n'ayant pas de manches, laisse voir en entier celles du justaucorps ornées de torsades enroulées tout autour des bras. Le cou, dont une chaîne d'or fait cinq fois le tour, est enveloppé dans un col de chemise orné d'une dentelle *ruchée,* qui encadre élégamment une tète remarquable par l'expression et le caractère, quoique la barbe, les favoris et les moustaches ne soient pas très fournis.

A l'aspect général de ce portrait, à la manière dont il est ajusté, à la vérité et à la beauté du coloris, on reconnaît facilement qu'Antoine Moro a étudié avec profit les Vénitiens, et que, tout en conservant le faire des peintres flamands, il a su s'inspirer avec bonheur du style italien. Les ouvrages de ce maître, — et ce n'est que justice, — occupent aujourd'hui un rang distingué dans les collections.

Toile, hauteur 69 cent. largeur 56 cent.

OMMEGANCK.

LE RETOUR DES TROUPEAUX.

22. — Par une belle soirée d'été, le long d'un chemin que bordent, à gauche, une rivière peu profonde, à droite des collines boisées et des bouquets d'arbres variés, qui annoncent l'entrée d'un bois, un pâtre ramène un nombreux troupeau de moutons et de chèvres, en tête duquel marche un bouc. La tête couverte d'un chapeau à larges bords, vêtu d'un pantalon et d'une chemise, portant sa trompe de berger et sa veste suspendues à son côté droit, il agite son bâton avec beaucoup d'énergie. Un chien noir le seconde avec une égale activité dans le soin de diriger ce troupeau. Deux vaches le suivent. Un paysan et une paysanne, montés sur des ânes chargés de paniers, viennent de passer la rivière, qu'un autre troupeau de gros bétail, qui s'en va en sens contraire, traverse à gué dans le lointain. Le terrain, sur les premiers plans, est couvert de plantes nombreuses et variées, dont quelques unes d'une large et puissante végétation. Au delà de la rivière se déploie une campagne ornée de maisons, de bouquets d'arbres, de ruines, et terminée à l'horizon par des montagnes vaporeuses.

Cette composition, l'une des plus riches et des plus capitales du maître, est aussi de son meilleur temps, ainsi que l'atteste la date et plus encore l'exécution, qui réunit ici toutes les belles qualités, grâce auxquelles les ouvrages d'Ommeganck jouissent de la vogue la plus brillante, et se vendent journellement aux prix les plus élevés.

Bois, hauteur 1 mètre 1 cent., largeur 1 mètre 21 cent.

OSTADE (ADRIEN VAN).

LA PARTIE DE TRICTRAC.

23. — Deux paysans, de ces figures hollandaises comme Adrien van Ostade savait si bien les créer, les habiller et les

poser, c'est tout dire, sont assis à une table grossière, où ils font une partie de trictrac. Un autre paysan, debout, au bas d'une échelle servant d'escalier, les regarde attentivement, en fumant sa pipe. Un quatrième paysan, également debout, à l'autre extrémité de la table, adresse une observation sans doute très importante, à l'un des joueurs. Inutile d'insister sur l'excellente physionomie de celui-ci, et sur la manière ravissante dont celui-là s'incline vers son interlocuteur; ce sont là des mérites familiers à Ostade et généralement connus. Plus loin, un autre rustre, une calotte rouge sur la tête, affublé d'une veste bleue, un tablier blanc devant lui, et aux jambes des bas dont l'un n'est pas très soigneusement attaché, est assis nonchalamment sur une chaise, le bras droit accoudé sur un billot de cuisine, et s'occupe d'allumer sa pipe à un réchaud qu'il tient de la main droite. Derrière lui un homme et sa femme, paraissent prêts à s'en aller, et règlent probablement leur compte avec la maîtresse du cabaret, qui porte une canette à la main. Dans le fond à gauche, deux autres paysans, dont l'un se chauffe devant une large cheminée, se bornent pour le moment au plaisir de la conversation. Tout dans ce cabaret de village est à l'unisson des différents personnages que nous venons de passer en revue : des poutres et des planches qui font saillie de tous côtés; contre la muraille, au plafond, sur la cheminée, une armoire, une lanterne, des bouteilles, des seaux, des assiettes et cent autres ustensiles; à terre un tabouret de bois renversé, et partout des pipes, des cruches, des pots et des verres; tout cela constitue un intérieur du désordre le plus pittoresque.

Bois, hauteur 30 cent, largeur 25 cent.

LE MÊME.

LA PARTIE DE TRICTRAC ET LA PARTIE DE CARTES.

24. — La scène, quoique semblable au fond, offre pour

tant assez de différences dans la représentation pour pouvoir être mise comme pendant à côté de la première et laisser le plaisir de la variété. C'est bien encore une partie de trictrac qui est le principal épisode du tableau, et que jouent deux paysans sous les yeux de deux spectateurs; mais à l'autre bout de la longue table où ils sont placés, deux autres paysans, à l'un desquels une femme adresse la parole, se sont établis pour jouer aux cartes. La lumière qui arrive ici par deux grandes fenêtres à petits carreaux de plomb, éclaire tout autrement cette salle de cabaret, où elle se glisse et se répand avec un effet des plus piquants. Un de ces marmots qui reçoivent aussi sous le pinceau d'Adrien Ostade un cachet caractéristique, se tient debout entre une chaise et une table, et fait la grimace à un chien qui semble lui demander un morceau de sa tartine. Devant la cheminée une femme et deux paysans sont assis pour se chauffer, ces deux derniers en fumant, tandis qu'un troisième est debout, une canette à la main, et paraît les inviter à boire un coup. Il y a dans ce tableau moins d'accessoires que dans le premier; mais, en revanche, il compte douze figures, deux de plus, outre le chien.

Que si l'on nous demandait quel est de ces deux tableaux celui qu'il faut préférer, on nous embarrasserait beaucoup; car, nous les trouvons également dignes de la belle réputation de leur auteur. Tout y est plein de vie et d'action; les figures, surtout celles des premiers plans, sont d'un fini extrêmement remarquable, et pétillent d'expression. Il ne faut un examen ni bien long, ni bien attentif, pour découvrir entre elles des contrastes remplis d'esprit et d'habileté. Tous deux sont clairs, brillants, et de ce coloris qui fait la gloire d'Adrien Ostade. Les tons présentent une variété et une opposition d'autant plus admirable qu'elles ne coûtent rien à l'harmonie générale.

Dans l'un et dans l'autre la composition est riche, détaillée, bien entendue. Concluons donc qu'il serait impossible de choisir entre ces deux productions, de prendre l'une et de laisser l'autre sans regret, et que le seul vrai moyen de trancher convenablement le débat, serait de les posséder toutes deux.

Bois, hauteur 30 cent., largeur 25 cent.

OSTADE (ISAAC VAN).

LE REPOS.

25.—Dans une cour rustique, où tout respire ce charme irrésistible que fait naître l'aspect d'une nature simple et vraie, quatre paysans se sont arrêtés pour se rafraîchir et se reposer. L'un d'eux, qui tourne le dos au spectateur et qu'un couteau suspendu à son côté pourrait faire prendre pour un boucher de village, est assis par terre et vient de retirer une pipe de sa bouche afin de répondre à son voisin de droite. Celui-ci, qui a renversé un baquet pour s'en faire un siège, s'apprête à porter à ses lèvres un pot d'étain rempli de bière, qu'il pourrait bien vider d'un seul trait, s'il faut en juger par cette mine d'ivrogne, épanouie et rubiconde, dont l'artiste l'a gratifié. C'est un de ces visages comme Rabelais en décrit : la bouche largement fendue, les narines dilatées, les yeux à demi fermés par l'effet de la boisson, il rit de ce rire franc et joyeux que produisent chez ses pareils un pot de bière et le gros sel de quelques propos égrillards. Cette figure est digne d'être comparée à la meilleure de Jean Steen. Le troisième, placé sur une chaise basse, se livre aussi avec abandon à la gaîté de la conversation. Le dernier est debout, et quoique occupé à satisfaire un besoin qu'il n'est pas nécessaire de nommer, il n'en tourne pas moins la tête vers les interlocuteurs comme pour ne pas perdre un mot du dialogue. Un gros chien de campagne, couché sur ses quatre pattes, dort profondément sous la double influence de la fatigue et de la chaleur. Un cheval blanc, d'une nature non moins agreste, a été dételé et s'est approché de la margelle d'un puits pour s'y désaltérer. Cette scène, dont l'aspect est vraiment récréatif, se passe au bas d'un escalier en pierres, dont les marches montent en tournant vers une habitation rustique, à la porte de laquelle est assise une femme avec son enfant.

Entre les nombreux détails qui donnent une apparence si pittoresque à la façade de la maison, nous inviterons les amateurs à considérer avec soin cette cave dont la porte ouverte laisse voir un panier placé à son entrée; cette fenêtre, grillagée en losanges, au devant de laquelle une planche, qui fait saillie au dessus de la cave, pour lui servir d'auvent, soutient un pot de fleurs et une couverture de laine; ce chapiteau arrondi, qui protège l'entrée de la maison, dont le toit de chaume vient en avant, appuyé sur des traverses de bois; cette construction en planches qui protège deux ruches, au dessous desquelles se montre la cage où sont renfermées des poules, dont l'une avance, en ce moment, la tête à travers les barreaux pour prendre sa nourriture; ce tonneau, ces grosses branches qui gisent, plus bas, dans la cour; enfin, les arbres qui ombragent cette maison, ainsi que la voisine, et qui complètent si heureusement la décoration de cette scène champêtre.

Nous avons décrit ce tableau avec amour, nous ne le cacherons pas, car nous le regardons comme un des plus parfaits d'Isaac Ostade, comme une production aussi belle que la plus belle de son frère Adrien. Nous irons plus loin et nous demanderons à quel maître, de quelque école qu'il soit, Isaac ne pourrait pas être comparé ici pour la vigueur et la fermeté de la touche, pour l'harmonie et l'éclat du coloris, pour la distribution de la lumière et pour la perfection de l'exécution. Qu'on nous apporte des chefs-d'œuvre du Titien, de Paul Véronèse, de Rembrandt, de Rubens, et celui-ci, placé à côté d'eux, ne souffrira pas de ce voisinage. Les effets de la lumière, chez Rembrandt, sont magiques assurément; mais, le sont-ils moins dans ce tableau parce qu'elle y circule partout à flots abondants, au lieu de ne pénétrer que par une seule ouverture étroite, afin de produire facilement un contraste plus tranché, entre les ombres et les clairs? Quel Claude, quel Both a plus de soleil et un soleil plus vrai, plus chaud, plus doré? Il brille encore jusque dans les demi-teintes, pour le charme continuel des yeux, et sans rien coûter à la vérité. Dans quel ouvrage de Paul Véronèse la peinture a-t-elle plus de relief, plus de puissance? L'exécution de Rubens est facile, brillante et large; celle d'Isaac Ostade, pour être plus fondue, a-t-elle ici moins de liberté, d'éclat et de franchise? Et quelle merveilleuse entente de la perspective! Quelle vivacité d'expression! Quel esprit dans les têtes! Quel délicieux naturel dans les attitudes des figures! Mais à quoi bon poursuivre l'énumération de toutes ces qualités? Nous n'aurions jamais fini, si nous voulions exprimer tout ce qu'elles nous inspirent; arrêtons-nous donc, heureux, si nous sommes parvenus à donner l'envie de voir ce chef-d'œuvre, à ceux qui ne le connaissent pas; quant à ceux qui le connaissent, ils n'ont pas besoin de nos avertissements pour l'admirer.

Bois, hauteur 46 cent., largeur 39 cent.

POTTER (PAULUS).

LE MARÉCHAL-FERRANT.

26. — La maison de ce maréchal-ferrant s'élève au bord

d'une immense prairie, dont l'horizon seul forme la dernière limite; vers la droite, déjà à une assez grande distance, on aperçoit une petite ferme et un bouquet de six arbres, autour desquels jouent des enfants; non loin de là, se trouvent deux vaches dont une couchée. A gauche, la maison se présente de face, avec sa porte tout ouverte, qui montre une forge allumée et un ouvrier en train de battre un fer rouge sur une enclume. Au dessus du rez-de-chaussée il n'y a qu'un grenier peu élevé, de la fenêtre duquel sort une longue perche qui soutient un linge blanc. Par la cheminée, la fumée de la forge vomit ses tourbillons épais et noirs dont le ciel est tout assombri. Deux branches, qui dépassent le bord du toit, annoncent une vigne grimpante contre le mur extérieur. A l'angle de la maison, un travail s'avance jusque vers le milieu du premier plan; un cheval noir s'y agite avec une frappante expression de douleur, sous l'action des tenailles dont un postillon lui étreint énergiquement les narines, tout en s'efforçant de le contenir; pendant ce temps le vieux maréchal-ferrant, vêtu d'une veste rouge, des lunettes rondes sur le nez, et faisant, en ce moment, l'office de vétérinaire, a jeté bas son chapeau, pour mieux examiner, avec une sonde de fer, la bouche à demi ouverte de l'animal. Un pauvre garçon de village assiste à ce spectacle, avec une attention dont toute sa physionomie porte les signes. Près de lui est un cheval blanc, dont la tête se cache derrière le dos du postillon et qui attend paisiblement que son tour soit venu de passer par les mains du maréchal-ferrant. D'un côté, une poule et un coq cherchent leur nourriture; et de l'autre, vis-à-vis de la porte de la maison, deux chiens se regardent d'un air de menace, à cause d'un os que ronge le premier et qui excite fortement l'envie du second.

Un terrain gazonné, quelques arbres, quelques fleurs des prés ou des champs, un mouton, une vache, quelquefois deux, un pâtre, un ciel presque sans nuages, tels sont ordinairement les simples éléments des compositions de Paul Potter. Certes, nous sommes loin d'élever la plus légère contestation sur l'admirable perfection de ces paysages où revit la nature hollandaise dans toute sa naïveté, dans toute sa bonhomie. Mais si, composés à si peu de frais et d'un aspect parfois monotone, ils sont l'objet d'une estime aussi haute que générale, à plus forte raison faudra-t-il admirer les qualités des tableaux dont le sujet est différent, lorsqu'ils peuvent, comme c'est ici le cas, lutter à mérite égal. Il nous semble, en effet, que cette différence du sujet est un attrait nouveau qui commande la préférence des connaisseurs. Si c'est là une vérité incontestable, comme nous n'en saurions douter consciencieusement, quel tableau eut jamais plus de titres, pour obtenir tous les suffrages, que celui que nous venons d'analyser? Et ce ne sont pas seulement l'intérêt et la nouveauté du sujet qui lui assignent une place à part entre les diverses productions de l'auteur; mais encore un effet de lumière aussi piquant qu'inattendu, et tout-à-fait digne des maîtres les plus renommés dans cette partie de l'art, grâce au talent incomparable avec lequel Paul Potter a disposé sur cette maison et sur les terrains environnants les ombres vigoureuses que projettent les nuages du ciel et la fumée de la forge. Sous le rapport de la couleur, qui a ici plus d'éclat que de coutume, sans rien perdre ni de son intensité, ni de sa vérité, ni de son harmonie, ce tableau se recommande encore d'une façon toute particulière. Quant à la touche, qu'on examine, soit les terrains, soit les animaux, soit les hommes, soit les bâtiments, on la retrouve partout telle qu'elle est dans les chefs-d'œuvre du peintre, c'est-à-dire

827.

d'une précision et d'une fermeté au dessus de tout éloge. Indépendamment de ces diverses qualités, les figures, pour la justesse des attitudes, pour la correction du dessin, pour la puissance de l'expression, doivent satisfaire les plus difficiles. En dernière analyse, c'est un tableau de Paul Potter aussi parfait de coloris, de faire, de sentiment, de vérité, que les plus beaux qu'il ait jamais enfantés, avec l'avantage inappréciable d'une composition plus savante, plus variée et plus animée.

Bois, hauteur 48 cent., largeur 46 cent.

PYNACKER (ADAM).

VUE DANS LES MONTAGNES.

27. — D'énormes et hautes montagnes occupent la plus grande partie de ce paysage, et permettent à l'œil de se promener long-temps dans les sinuosités dont elles sont sillonnées, à travers les arbres debout ou renversés qui couvrent leurs flancs, entre des quartiers de roches et diverses fabriques, parmi lesquelles on remarque, vers la gauche, une voûte de porte et une tour attenant à l'entrée d'une ancienne habitation. Vers la droite coule une rivière encaissée entre ces montagnes et une chaîne de collines qui s'enfoncent en s'abaissant dans le lointain, et offrent le seul côté de la composition par où la vue puisse s'étendre à une certaine distance. Des branches, des troncs d'arbres et d'autres détails enrichissent les devants de ce paysage, qui sont en outre animés par deux baigneurs, dont l'un a déposé son manteau rouge sur une branche d'arbre, et dont l'autre s'est déjà rhabillé en partie.

Toile, hauteur 97 cent., largeur 81 cent.

LE MÊME.

AUTRE PAYSAGE DANS LES MONTAGNES.

28.— Les principaux éléments de ce paysage consistent encore en des montagnes, entre lesquelles serpente une rivière; mais elles sont disposées cette fois, de manière à laisser la vue se plonger librement dans l'espace, jusqu'aux dernières limites d'un horizon chaud et vaporeux. Sur le second plan s'étend une petite prairie entourée de bois taillis, et enfin le devant du tableau nous offre un berger assis, auquel une femme parle debout, tandis que son chien se repose près de lui, et que des moutons et des vaches paissent un peu plus loin.

On connaît les qualités de Pynacker, et entre autres la correction de son dessin, la facilité de son pinceau, la finesse et l'esprit de sa touche, qu'aucun imitateur n'est parvenu à reproduire; ce sont là des mérites que les amateurs retrouveront aisément dans ces deux tableaux.

Bois, hauteur 39 cent., largeur 46 cent.

ROMEYN (GUILLAUME VAN).

PAYSAGE MONTAGNEUX AVEC ANIMAUX.

29.—Les premiers plans du tableau, bornés à droite par un enclos de peupliers, à l'angle duquel est planté un saule, nous présentent, sous un ciel clair et brillant, un pâtre nonchalamment endormi sur le gazon, où se repose également son troupeau, composé de chèvres, de moutons et d'une vache. Un âne debout, au sommet de la colline, regarde le fond de la vallée où coule une rivière peu profonde, dans laquelle deux bœufs baignent leurs pieds, et qu'un homme monté sur un autre âne s'apprête à traverser. Au delà de cette rivière, le terrain est pittoresquement coupé en divers sens, de vallées et de montagnes, dont les dernières s'élèvent à une grande hauteur.

Ce tableau d'un aspect généralement harmonieux, et dont les fonds sont biens fuyants, prouve que M. le comte Perregaux, lorsqu'il admettait un peintre de second ordre dans sa galerie, savait encore choisir un de ses ouvrages qui pût figurer honorablement à côté de ceux des principaux maîtres.

Bois, hauteur 36 cent., largeur 41 cent.

RUBENS (PIERRE-PAUL).

SAINTE-CATHERINE.

30. — Elle est représentée jusqu'aux genoux, vêtue d'une robe de satin blanc, à larges manches doublées de soie bleue, dont l'une retroussée jusqu'au coude, laisse voir des manches de dessous, d'une étoffe brodée d'or et serrées au bras. Un manteau rouge jeté négligemment sur son épaule recouvre le bras droit tout entier, excepté la main, dont elle tient la palme de son martyre. La roue, instrument de son supplice, est à côté d'elle. Un cordon de pierres précieuses retient sa belle chevelure blonde, qui près de la tempe gauche se relève en tresse, et va se rattacher derrière la tête, tandis que de l'autre côté elle flotte mollement sur l'épaule. Une expression délicieuse de douce modestie et de touchante résignation, caractérise cette charmante tête, et captive les regards du spectateur. La touche en est plus fondue que ne l'est d'habitude celle de Rubens. Il a évidemment peint ce portrait avec une attention toute spéciale.

Bois, hauteur 1 mètre, largeur 73 cent.

LE MÊME.

LE SOMMEIL DE L'ENFANT JÉSUS.

31. — Ce tableau a-t-il été fait d'après nature? Rubens, en le peignant, avait-il sous ses yeux un nouveau-né endormi? On le croirait sans peine, tant cet enfant dort d'un sommeil plein de calme et d'abandon sur un linge qui recouvre avec négligence la paille de sa couche! tant il y a de liberté dans le laisser-aller de ces bras, de cette tête, de ces jambes que ne compriment aucuns langes! tant il y a de vérité dans les chairs! tant les membres se sont arrondis mollement, sous le pinceau de l'artiste, comme il convient dans ces premiers jours de la vie! Ce tribut payé aux nécessités matérielles de son sujet, Rubens en aborde le côté surhumain, et cet enfant qui ressemblait tout à l'heure à tous ceux de son âge, qui repose sur une crêche remplie de paille indigente, voici que son front s'illumine d'une lumière divine et qu'un rayon d'en-haut descend sur son visage. A ces signes, on reconnaît celui qui a été choisi par Dieu lui-même pour racheter les hommes, les régénérer moralement et leur ouvrir de nouvelles destinées.

Plusieurs circonstances donnent un prix particulier à cet ouvrage; c'est d'abord la difficulté qu'il y a de rencontrer un Rubens d'une dimension aussi commode pour trouver partout une place facile, et ensuite la manière dont il a été exécuté par le peintre. Ce n'est plus cette touche heurtée, ces couches de couleur juxta-posées sans fusion, cette fougue emportée qui caractérisent ordinairement le talent de Rubens; au contraire, il a modéré sa main, il a fondu son coloris en un tout harmonieux, il a caressé son exécution, il a évité l'exagération des effets, tout comme s'il avait voulu jeter un défi à Van Dyck. Et pourquoi pas? Ce ne serait pas la première fois que Rubens aurait ainsi prouvé la souplesse et la fécondité de son génie. On avait dit qu'il ne lutterait ni contre Téniers, dans la représentation d'une kermesse de village, ni contre Van Uden pour le paysage, ni contre Sneyders pour les animaux. On sait de quelle façon victorieuse il a répondu à ces accusations d'infériorité ou d'impuissance relative. Il se peut aussi que, quelques envieux ayant opposé à son exécution forte et hardie la manière plus sage, plus naturelle, plus harmonieuse de Van Dyck, il se soit décidé à faire comme celui qui marcha pour prouver le mouvement, c'est-à-dire à peindre cet enfant Jésus dans cette manière même, et il faut avouer qu'il a parfaitement réussi. C'est donc une peinture à la Van Dyck que nous avons ici, et, en disant cela, nous ne croyons nullement la déprécier.

Marouflé sur bois, hauteur 36 cent., largeur 29 cent.

RUYSDAEL (JACQUES).

LA CHUTE D'EAU.

32. — A peine a-t-on jeté les yeux sur ce magnifique paysage, qu'on s'arrête frappé du spectacle grandiose de ces eaux écumantes qui se précipitent, en bondissant, sur des rochers, à travers deux rives élevées entre lesquelles elles ont creusé leur lit. Nulle part Ruysdael, si habile dans cette partie de son art, n'a mis plus de transparence, ni un mouvement plus vrai, que dans cette imposante cascade. Les nuages du ciel, qui commence à s'assombrir sans cesser d'être clair, et les deux rives, qui sont tenues dans la demi-teinte, tout en permettant à l'œil de distinguer facilement leurs nombreux détails, achèvent de faire ressortir la beauté de ces eaux par un contraste du plus heureux et du plus savant effet. Mais quelle que soit la magie de ce spectacle, quelque puissant que soit son intérêt, le connaisseur

ne peut s'empêcher d'admirer avec la même vivacité, en portant ses regards sur le sommet de la colline, à droite, le jeu merveilleux de la lumière qui lui montre, sous diverses faces, deux maisons avancées d'un village dont on aperçoit les toits et le clocher à travers les arbres. Nous ne nous étendrons pas sur l'analyse de tous les accessoires qui enrichissent cette partie du tableau, sur les palissades, sur une machine à tirer de l'eau d'un puits, sur les petites figures; mais nous prierons les amateurs de donner une juste attention à ces troncs d'arbres qui gisent aux bords de la cascade, et dont l'un, du plus admirable faire, est venu, après avoir été sans doute brisé par le vent, poser son extrémité sur un quartier de rocher, au milieu des eaux. De là, en remontant la rive droite, on gagne un massif d'arbres planté sur le penchant de la colline, et dans lequel la vérité et l'harmonie de la couleur le disputent à la perfection du pinceau, à la légèreté et à la richesse du feuillage. Enfin, à la gauche du spectateur, se découvre, dans des fonds vaporeux et lointains, une riante vallée où est située une ville, tandis qu'au-delà, l'horizon s'enfonce à perte de vue entre des montagnes qui vont en se dégradant et en s'abaissant avec la fidélité la plus étonnante à toutes les lois de la perspective aérienne et linéaire.

Après cette description, qui n'aurait pas de terme si nous voulions exprimer convenablement le sentiment profond d'enthousiasme que nous inspire ce tableau, et dans laquelle nous nous sommes efforcés cependant de l'analyser en même temps que d'en énumérer rapidement les sublimes beautés, nous croyons pouvoir nous borner à dire qu'il s'agit ici d'un chef-d'œuvre de composition et d'exécution, et, pour nous résumer par un seul mot, que nous défions l'œil du juge le plus instruit et le plus sévère d'y découvrir un seul point sur lequel il puisse exercer sa critique.

Quelle reconnaissance, quelle admiration ne mérite pas

le paysagiste, lorsqu'il sait ainsi choisir la nature, s'en emparer, la reproduire avec tous les charmes, tous les accidents d'un site riche et varié, et qu'il nous permet, en l'enfermant dans les étroites limites d'une toile, de l'avoir sans cesse sous les yeux et d'en jouir dans tous les temps, par toutes les saisons, dans tous les lieux!

Toile, hauteur 79 cent., largeur 99 cent.

RUYSDAEL (SALOMON).

PAYSAGE MARITIME.

33. — Ce paysage, qui a beaucoup d'analogie avec le Van Goyen (voyez page 29) dont il formait le pendant, compose ses premiers plans d'un large fleuve à l'endroit de son embouchure dans la mer. Plusieurs barques sillonnent son cours ou sont arrêtées sur ses rives, dont l'une montre une ville où l'on distingue trois églises.

Bois, hauteur 40 cent., largeur 61 cent.

STEEN (JEAN).

LA SERVANTE AU CORSAGE ROUGE.

34. — C'est sous ce titre que ce séduisant tableau est connu depuis long-temps et nous avons cru devoir le lui conserver, quoiqu'il fût plus juste de l'appeler le *Marché à la volaille.*

Toutefois, il est vrai de dire que les regards sont tout d'abord attirés par ce corsage rouge qui se détache sur un petit fichu blanc, et par ce mouchoir ajusté en marmotte, qui siéent merveilleusement l'un et l'autre à cette jolie servante hollandaise, dont la mine n'est pas moins piquante que le costume. En effet, comment ne pas comprendre du premier coup, à son air froidement dédaigneux, qu'elle rejette le prix exorbitant que lui demande un marchand, pour le dindon qu'il lui présente? Cette jeune fille est debout, et porte à son bras un des ces petits seaux de bois dont on se sert en Hollande en place de panier, pour aller au marché; son tablier, relevé sur le côté, découvre un modeste jupon de couleur brun clair. A quelques pas en arrière, un homme vêtu d'un manteau gris-noir semble prêter toute son attention à cette scène; un peu plus loin encore, un autre homme marchande un pigeon à un villageois. Vers la gauche une femme, la tête couverte d'une mante noire, une bonne portant un enfant et d'autres personnages stationnent devant l'étal d'une marchande de poissons, établie sous une voûte à travers laquelle on aperçoit le clocher d'une église masquée en partie par un arbre au feuillage touffu.

Parmi les accessoires qui enrichissent ce charmant tableau, on distingue un panier rempli d'œufs, une cage, un bâton noueux, une affiche et le banc de pierre sur lequel est assis le marchand de volaille, qui a déposé à ses pieds un magnifique coq de bruyère. Ce marchand est adossé contre un mur en briques qui se détache parfaitement bien de celui de la voûte, au travers duquel ont poussé des arbustes.

Nous avons cru à propos d'indiquer tous ces accessoires qui sont rendus d'une manière vraiment surprenante. Nous n'insisterons pas sur l'éloge du tableau, parcequ'il est supérieur à tout ce que l'on pourrait en dire et qu'on ne peut rien voir qui soit plus parfait ni d'un meilleur choix comme sujet. Ceux qui porteront leurs regards sur ce petit chef-d'œuvre auront de la peine à les en détacher.

Bois, hauteur 37 cent., largeur 27 cent.

TENIERS le jeune (DAVID).

UN CABARET DE VILLAGE.

35. — Une cour enclose entre le mur de la maison dont

elle dépend et une forte palissade, qui permet à l'œil de passer au-dessus d'elle, pour parcourir un charmant petit bout de paysage montagneux que traverse un homme suivi de son chien, renferme deux tables autour desquelles sont rangés des paysans, les uns debout, les autres assis sur des baquets renversés, sur des escabeaux, ou sur des bancs. A la table la plus éloignée on est tout absorbé dans une partie de cartes. Quant à la table qui occupe le devant du tableau non loin d'un banc près duquel est une cruche rouge et qui porte un grand pot d'étain avec un verre, c'est elle qui attire principalement les regards : là, cinq campagnards d'âges différents, et remarquables par ces attitudes, par ces expressions, par ces airs de tête, que Téniers transportait magiquement de la nature sur la toile, sans leur faire subir la moindre altération, donnent tous les signes d'une attention profonde dans l'action qu'ils accomplissent. Il s'agit en effet d'une importante affaire ; le quart d'heure de Rabelais est venu et les dés vont décider qui paiera la dépense. Nous avons bien peur que ce ne soit ce jeune paysan à la mine encore candide, qui attend avec un sérieux si complet le dé prêt à s'échapper de la main d'un vieux matois debout à l'extrémité de la table. La maîtresse du cabaret paraît sur le pas de sa porte, tenant d'une main un plâteau de bois avec du tabac et une pipe dessus, et de l'autre une cruche de bière.

Tout l'esprit de Téniers étincelle dans cette composition où se montrent la naïveté, la simplicité et la vérité villageoise qui font le charme de la plupart de ses meilleurs tableaux. C'est encore sa touche vive, légère et facile. Il y en a de plus terminés sans doute, mais nous ne le regrettons pas, car ils y ont plus perdu que gagné peut-être, et d'ailleurs celui-ci est autant rendu que le plus fini, outre que pour la façon dont il est éclairé, il peut compter parmi les plus remarquables du maître. Ce sont partout des coups de lumière d'un effet piquant et hardi. L'air circule admirablement bien autour des figures, qui sont on ne peut mieux groupées, avançant ou reculant avec une justesse parfaite suivant la place qu'elles doivent occuper. La couleur est séduisante par son ton argentin et par son harmonie. En un mot, ce petit tableau peut passer pour un abrégé de toutes les qualités qui distinguent la manière la plus estimée de Teniers.

Bois, hauteur 33 cent., largeur 40 cent.

LE MÊME.

L'ESPION, OU LE CORPS-DE-GARDE DES SINGES.

36. — Tous ceux qui connaissent par expérience la facilité, le relâchement des mœurs militaires d'une garde bourgeoise, nationale, ou civique, comme on voudra l'appeler, n'auront pas de peine à se familiariser avec le spectacle plaisant et joyeux que présente ce corps de garde. Nous ne savons si les sentinelles au dehors font preuve d'une extrême vigilance et prennent sérieusement garde à elles; mais pour l'intérieur il est impossible de passer plus gaiement son temps, et avec moins de souci de ce qui adviendra dans la ville de la sûreté des habitants en particulier et de l'ordre public en général. A considérer ces soldats de nouvelle espèce si spirituellement et si drôlement caractérisés et accoutrés par le pinceau comique de Téniers; à examiner de près leurs allures et les traits de leurs visages, que plus d'un spectateur ne trouvera peut-être pas sans ressemblance avec ceux de tel ou tel de ses amis ou de ses connaissances; à voir les uns nonchalamment endormis sur le classique lit de camp de si désagréable mémoire pour nous tous tant que nous sommes, qui avons le droit de monter notre garde une fois par mois, plus ou moins, suivant les circonstances; à voir les autres s'appliquer tout

entier à une partie de cartes ou de dés, à voir ceux-ci aspirer gravement la fumée d'une pipe de tabac, à voir ceux-là armer leurs mains d'un verre de vin à la place de la hallebarde qui repose négligemment contre la muraille, ou faire galerie pour décider des coups, pour gourmander, avertir ou féliciter les joueurs, combien ne se souviendront pas d'avoir quelquefois assisté à une scène pareille, mais avec d'autres costumes et des acteurs un peu différemment constitués?.... Mais que ne dirait pas l'officier de ronde, s'il venait à se montrer tout à coup? Et quel ordre du jour foudroyant n'émanerait pas de l'état-major..... de la milice des singes, si quelque sournois espionnait traîtreusement un corps-de-garde où chacun remplit si singulièrement son devoir, pour aller faire son rapport à l'autorité? Il y a donc ici un double danger contre lequel il faut se prémunir; c'est-à-dire, en un mot, que si ces soldats là, ne gardent pas les autres, ils ont grand besoin de se garder eux-mêmes. Et justement voici que les sentinelles du dehors amènent à leur capitaine, sous la respectable figure d'un *saint homme de chat, bien fourré, gros et gras*, comme celui du bon La Fontaine, le sournois dont nous parlions tout à l'heure. Deux hommes.... non, deux singes l'ont appréhendé au corps, et à la lueur d'une torche accusatrice, le chef a reconnu le traître et prononcé gravement sa sentence. Il y a de quoi frémir de la tête aux pieds en pensant à tous les mille supplices que va sans doute éprouver le malheureux lorsqu'il sera passé par les armes, ou plutôt par les griffes de cette armée de singes.

Nous avons ri de bon cœur à ce spectacle, et nous croyons ne pas nous compromettre en affirmant qu'il déridera les fronts les plus soucieux. Mais ce mérite, — et celui d'amuser, de faire rire, en est un grand sans doute, le plus grand peut-être, — ce mérite n'est pas le seul qui recommande ce charmant tableau. Tout empreint de la verve comique, de l'esprit de Téniers, il n'offre pas d'une manière moins piquante et moins remarquable les qualités diverses de son pinceau. Parcourez à loisir tous ces accessoires, ce tambour, ce casque, ce bouclier, cette cuirasse, ce fusil, qui garnissent les devants du tableau; examinez les costumes, surtout celui du chef avec ses bottes à tiges évasées et retombantes comme celles d'un seigneur de la cour de Louis XIII; scrutez toutes ces physionomies d'une expression si variée; étudiez surtout cet effet de lumière qui ne papillotte pas, quoi qu'il se produise de différents côtés à la fois, et convenez qu'il faudrait être bien difficile pour trouver que quelque chose manque à cette composition.

Bois, hauteur 31 cent., largeur 51 cent.

TERBURCH (GÉRARD).

LA DÉGUSTATION.

37. — Une Hollandaise, jeune encore quoique ses formes soient assez fortement accusées, est assise sur une grande chaise recouverte de velours rouge, dans sa chambre à coucher, comme l'indique ce lit aux vastes rideaux bruns qui s'arrondissent sur le fond du tableau. Elle a devant elle une de ces tables en chêne massif à peu près semblable à celle que nous avons eu occasion de décrire dans le Metsu; sur cette table, dont le tapis a été relevé de peur des taches d'encre, une écritoire en plomb et un cahier de papier attendent sans doute que la dame dresse quelque compte de ménage. Elle a la tête couverte d'un grand béguin de velours noir que ses cheveux blonds débordent sur le front et sur les joues, et qui vient se nouer sous son menton avec deux rubans bleus. Par-dessus une camisolle de satin jaune, rayé de noir le long du buste et des bras, et dont les manches sont, ainsi que celles de la chemise,

retroussées vers le coude, elle a sur les épaules une sorte de pèlerine également en velours noir. Une robe de soie grise complète cet habillement, qui, sans être négligé, n'est toutefois qu'un costume du matin. De la main droite elle tient un pot de grès blanc, à couvercle de plomb, posé sur sa cuisse, et de l'autre elle porte à ses lèvres un grand verre dont elle avale lentement le contenu. Dieu nous garde des soupçons que pourraient inspirer contre cette jeune femme ce pot et ce verre d'une capacité vraiment notable, et qui occupent ses mains comme si elle ne devait pas s'en séparer de si tôt! Croyons au contraire, — et l'air réfléchi dont elle boit confirme cette opinion plus conforme à la sobriété du beau sexe, — qu'il s'agit de quelque affaire domestique de la compétence d'une maîtresse de maison, relativement à l'état plus ou moins satisfaisant de la liqueur qu'elle déguste.

Tout ce qu'on admire dans Terburch, tout ce qui l'a fait placer au premier rang des peintres hollandais, se retrouve dans cet ouvrage, savoir : le fini, le soin, la netteté de l'exécution; la vérité avec laquelle sont rendues les étoffes; la justesse, la beauté, la transparence du coloris; l'harmonie et la douceur de l'effet général; l'intérêt des détails; le moelleux et la fermeté du faire; le naturel et la simplicité des attitudes; le modelé de la figure, l'adresse et l'intelligence de la composition. C'est, en un mot, un fort remarquable échantillon du maître, et qui figurera toujours glorieusement dans les cabinets les plus marquants par la sévérité du goût qui a présidé à leur formation.

Bois, hauteur 39 cent., largeur 30 cent.

VELDE (ADRIEN VAN DEN).

LE DÉPART POUR LA CHASSE.

38. — A ce vaste château qui occupe tout le fond du ta-

bleau, à cette meute nombreuse de chiens choisis, pour laquelle il ne faut pas moins de cinq piqueurs, à la beauté de ces deux chevaux, à l'éclat du costume des maîtres, à la distinction de celui des domestiques, à tous ces préparatifs enfin, on comprend dès l'abord que celui qui met ainsi en mouvement tant d'hommes et d'animaux pour se livrer avec sa noble épouse au plaisir de la chasse, ne peut être qu'un riche et puissant seigneur. Le voici à droite, assis aux pieds de deux arbres imposants par leur développement; il est de haute taille, et a sur la tête un chapeau de feutre gris à larges bords relevés, d'où s'échappent les flots d'une chevelure abondante; son vêtement est remarquable par la liberté qu'il doit laisser à l'action des bras; une longue épée est retenue à son côté par un ample baudrier; ses culottes, larges et flottantes, lui permettront d'enfourcher aisément son cheval; un faucon d'un plumage distingué repose sur sa main gauche; ses bottes, d'un cuir flexible, sont serrées à la jambe sans la gêner, et montent, en s'évasant, jusqu'au dessous des genoux. A ses pieds est agenouillé, dans une attitude frappante de vérité, un valet qui achève de lui attacher ses éperons. Son fusil est étendu sur le gazon, entre le pied, encore en terre, et le tronc d'un gros arbre qui paraît avoir été récemment coupé, et qui sert justement de siége au noble chasseur. La dame du château est déjà à cheval, les guides en main, et n'attend plus que son mari pour partir. Deux belles plumes blanches ombragent son front; ses cheveux pendent sur son cou et sur ses épaules. Elle est vêtue d'une longue robe bleu clair, et monte un cheval blanc qui se présente presque de face. Il contraste, par son air doux et paisible, avec cet autre cheval bai qui se cabre, impatient de prendre l'essor, excité qu'il est par les sons d'une trompe de chasse qu'un piqueur fait retentir à quelque distance; il paraît plein d'ardeur et de feu, tel que doit le désirer un hardi cavalier; un nègre, dont l'habillement seul révèle la haute fortune de ses maîtres, a peine à modérer sa fougue. A gauche, la meute se déploie et montre des chiens d'une beauté égale à leur force; le pinceau de Van den Velde a rendu leur pelage avec une vérité digne de tout éloge, et il a caractérisé leurs différentes espèces de la manière la plus distincte. Le chef des piqueurs, la tête couverte d'un chapeau de feutre gris, et portant une longue casaque rouge sur laquelle est rabattu le large col d'une chemise dont on aperçoit les poignets à l'extrémité des bras, tient un gros chien noir en laisse et donne de sa trompe de chasse. Derrière lui vient le fauconnier avec ses faucons, et plus loin se montre, avec des proportions diminuées par l'éloignement, selon la juste observation de la perspective, le reste des piqueurs et de la meute.

Cette description indique assez qu'il s'agit ici d'une composition plus animée, plus variée, plus intéressante que ne le sont la plupart de celles du peintre, qui s'est ordinairement contenté de mettre une figure ou deux et quelques animaux dans un paysage. C'est, en outre, un tableau d'un style éminent pour un ouvrage hollandais. Les personnages y sont habillés et parés avec une charmante coquetterie; le dessin en est fort distingué, surtout dans le seigneur et dans le valet qui se tient sur un genou devant lui. On remarque dans l'exécution une pureté, une netteté qui doit donner une idée du soin avec lequel l'artiste a préparé ses tons. Enfin, une couleur brillante, un ciel joliment nuagé, un feuillage qui n'attend qu'un souffle de vent pour s'agiter, une touche moelleuse et arrêtée en même temps, pleine de finesse et de franchise, et un effet des plus flatteurs, achèvent de faire de cet ouvrage un de ces chefs-d'œuvre-rares que les amateurs sont trop heureux de se disputer à tout prix.

Ce tableau, dans la collection de M. le comte Perregaux, n'a jamais été séparé du Karel-du-Jardin dont nous avons parlé plus haut, et auquel il a fait jusqu'ici pendant de la manière la plus heureuse; c'est un honneur qui lui revenait de droit à cause de toutes ses belles qualités plutôt encore qu'à raison de ses dimensions, qui sont presque exactement les mêmes que celles de l'autre tableau.

Toile, hauteur 50 cent., largeur 41 cent.

VELDE (GUILLAUME VAN DEN).

LE COMBAT NAVAL.

39. — Trois flottes, qu'il est facile de reconnaître à leurs divers pavillons, l'une française, l'autre hollandaise, et la troisième anglaise, sont aux prises dans ce tableau. Les eaux, dont la vérité et la transparence se font sentir au premier coup d'œil, sont légèrement agitées par la marche des vaisseaux et par un vent frais qui chasse quelques nuages dans un ciel brillant et cristallin, où triomphe, avec un éclat prodigieux, l'admirable pinceau de Guillaume Van den Velde. Les trois flottes, toutes voiles dehors, se développent majestueusement sur un espace immense comme l'Océan, qui semble renfermé tout entier entre les limites de ce cadre, tant est puissante et merveilleuse l'illusion que le génie de l'artiste sait nous faire à cet égard; elle s'étend même au nombre des vaisseaux que l'imagination croit d'abord compter par centaines. Ce que nous ne devons pas moins recommander à l'admiration, c'est qu'il n'est pas un de ces vaisseaux, pas une des barques dont ils sont accompagnés, qui n'appelle l'attention par une foule de motifs et ne la retienne long-temps enchaînée. Là, des matelots tendent des cordages ou des voiles; là, des hommes sont tombés à la mer; d'autres, qui montent une chaloupe, la dirigent à force de rames vers un vaisseau amiral; d'autres grimpent le long de ses flancs; ailleurs, on se bat corp

à corps sur le pont. Le canon gronde au loin, les sabords vomissent la flamme et le fer; çà et là les boulets ont passé à travers les voiles, et déjà l'incendie dévore l'intérieur d'un bâtiment. Toutefois il faut remarquer que la bataille commence seulement à s'engager, et que, par conséquent, on ne doit pas s'attendre à trouver ici ces désordres et ces ravages qui suivent une lutte longue et terrible. Ainsi donc cette composition présente encore cet aspect général qu'on recherche de préférence dans les ouvrages du maître, qui n'a pas toujours traité les scènes de tumulte et de confusion avec le même succès que celles où domine le calme, ou seulement une action modérée parmi les personnages et dans les éléments.

En résumé, cette magnifique page de Guillaume Van den Velde, est la plus capitale peut-être de son œuvre, et, sans aucun doute, une de celles qui possèdent toutes les perfections qu'une marine pouvait recevoir sous son pinceau dans ses jours de la plus heureuse inspiration. Voici donc encore un de ces ouvrages si rares dont il nous sera permis de dire, comme du Ruysdael (voir plus haut, page 56), que nous ne découvrons ni un mérite dont l'amateur le plus exigeant pourrait les accuser d'être dépourvus, ni une imperfection que le critique le plus rigoureux serait en droit de leur reprocher. Bref, la beauté de l'ordonnance et des lignes dans la composition, l'exactitude et le fini dans les innombrables détails qui composent le gréement des vaisseaux, la vérité pittoresque dans les voiles, qui tantôt s'arrondissent mollement au souffle du vent, et tantôt viennent se coller contre les mâts; la production frappante dans les carcasses des bâtiments, l'observation la plus fidèle des règles de la perspective, la profondeur de l'air, l'harmonie dans la couleur tout à la fois suave, brillante et vraie, enfin la perfection de l'exécution, nous devons le répéter, cette peinture réunit tout; et, comme elle peut à elle seule faire apprécier, de la manière la plus complète, le talent du plus habile peintre de marines qui ait jamais paru dans le monde, nous ne doutons pas qu'elle n'occupe tôt ou tard une place éminente dans l'un des grands musées de l'Europe.

Toile, hauteur 87 cent., largeur 1 mètre 10 cent.

WOUWERMAN (PHILIPPE).

L'ESPION.

40. — Ce tableau, véritablement enchanteur pour l'œil et pour l'esprit, nous retrace un de ces épisodes communs à la guerre, qui est rendu ici avec autant de vérité que de clarté.

Au débouché d'un chemin bordé par une haute colline couronnée d'arbres et d'arbustes, une troupe de soldats, cavaliers et fantassins, fait halte à la suite d'une reconnaissance; des sentinelles, posées en védette sur un monticule à gauche d'où la vue doit embrasser au loin la campagne, annoncent que le chef a jugé nécessaire d'agir avec précaution et de se tenir sur ses gardes. Aussi un de ses soldats lui amène-t-il un paysan dont les allures ont paru fortement suspectes. Le chef est à cheval, en tête de sa troupe, et il examine le prisonnier avec des yeux où respire une profonde défiance, visiblement partagée par les cavaliers dont il est environné. Le paysan, qui lit sans peine sur leurs visages quelle est la nature de leur pensée à son égard, proteste vivement de son innocence par ses gestes et par ses paroles. Il porte la main droite sur son cœur en témoignage de la pureté de ses intentions, et de la gauche il indique, en montrant le panier d'œufs suspendu à son bras droit, qu'il s'occupe de toute autre chose que d'épier les mouvements d'une troupe de militaires. Néanmoins on dirait que le trouble de sa conscience a bouleversé ses traits, et il est facile de s'apercevoir qu'aucun des hommes qui l'avoisinent, et principalement ce cavalier qui est descendu de son cheval et qui rit de la terreur du paysan, n'est dupe de ses protestations hypocrites.

Une scène à peu près semblable se passe, à la droite du spectateur, entre plusieurs soldats qui s'amusent également de l'effroi d'un second paysan, agenouillé et implorant leur pitié. Le reste de la troupe s'occupe à jouer aux cartes, à fumer ou à préparer ses armes. Ce sont d'autres scènes d'un intérêt varié, et toutes rendues avec la même perfection que la principale.

Tous les éloges accordés avec tant de justice à Wouwerman, tous les jugements portés sur son admirable talent, se résument dans ce tableau, et nous ne craignons pas d'affirmer qu'à aucune époque il ne s'en est rencontré dans le commerce un seul qui pût l'égaler pour la beauté du faire, l'esprit de la composition et son état de conservation. Il n'est pas de connaisseur qui ne proclame sa supériorité sur *le Marché aux Chevaux* de l'Élysée-Bourbon, vendu publiquement 37,000 fr., comme on s'en souvient, quoiqu'on lui reprochât avec raison un ton gris un peu cendré. Beaucoup d'autres productions de ce peintre ont subi cette critique; mais nous cherchons en vain quel est le défaut que l'on pourrait reprendre dans celle dont nous parlons ici. Où trouver, en effet, une composition mieux ordonnée, un dessin plus correct, une dégradation des tons plus savante, une entente du clair obscur plus admirable, plus de justesse et d'esprit dans 'expression des figures? Ajoutons qu'on y observe aussi, avec une ravissante suavité de pinceau, cette couleur vigoureuse et pleine d'harmonie que plus d'un ouvrage de Wouwerman laisse à désirer. Qu'il nous soit donc permis de conclure que ce délicieux tableau doit être considéré, à tous les titres, comme un des plus parfaits de son auteur.

Toile, hauteur 57 cent., largeur 75 cent.

WYNANTS (Jean).

COTEAU SABLONNEUX.

41. — Le penchant d'une colline, dont le sommet est entièrement couvert d'arbres, présente des terrains sablonneux garnis de gazon, de ronces et de broussailles. Cette richesse de détails offre une foule d'accidents et une variété de teintes qui, par leur contraste, forment des oppositions heureuses et des plus agréables à la vue. Ce qui contribue surtout à en rendre l'aspect extrêmement piquant, ce sont ces coups de lumière qui s'expliquent en partie par les reflets dont le soleil dore les contours des nuages qui se meuvent sur un beau ciel. Un vieux chêne presque entièrement dépouillé de son écorce, de ses feuilles et de ses branches, s'élève sur le premier plan pour concourir à l'effet général de la composition. Une femme allaitant son enfant, un homme debout, et un autre couché, se reposent sur le revers du côteau. Un cavalier, vêtu d'un manteau rouge et monté sur un cheval blanc, traverse, précédé de son chien, une marre d'eau coupant une route qui s'étend à droite jusque vers des côteaux qui bordent l'horizon. Dans le lointain, on aperçoit un homme et une femme cheminant ensemble.

Si ce point de vue est composé, il l'est du moins avec tant d'art, le site en est si agréable et si riant, qu'il semble qu'on le reconnaisse comme si on l'avait vu de la veille; et ce n'est pas là un des moindres mérites du tableau. Il faut ajouter que l'exécution en est charmante, et que le ton de couleur sage et harmonieux ne tombe pas dans ces teintes trop émaillées qu'on reproche quelquefois aux ouvrages de Wynants.

Toile, hauteur 44 cent., largeur 50 cent.

ÉCOLE D'ITALIE.

SARTO (ANDREA DEL).

LA VIERGE, L'ENFANT JÉSUS ET LE PETIT SAINT JEAN.

42. — La Vierge, portant l'Enfant Jésus sur son sein, pendant que le petit saint Jean-Baptiste est agenouillé près d'elle, est assise dans un paysage décoré à droite par un édifice sous le péristyle duquel l'artiste a représenté une scène mystique. La Vierge a une robe verte avec un corsage violet qui laisse voir des manches de dessous rouges. Elle presse de ses deux bras l'Enfant Jésus, qui lève la tête vers le ciel avec beaucoup d'expression, et tient un oiseau entre ses mains; en même temps elle abaisse des regards pleins de tendresse vers le petit saint Jean-Baptiste. Celui-ci porte une tasse suspendue derrière son dos, une croix dans sa main gauche, et dans sa main droite une banderolle avec cette inscription : *Ecce agnus Dei;* il tourne les yeux vers le spectateur. Tous trois ont le front ceint d'une auréole. Dans le ciel, à gauche, apparaît le Saint-Esprit au milieu d'une éclatante lumière dont les rayons se dirigent vers la Vierge et les deux jeunes enfants.

L'heureuse ordonnance du groupe formé des trois personnages sacrés, la finesse et la douceur de l'expression, le sentiment vrai et pénétrant dont ce tableau est animé, l'union parfaite des teintes, le charme, la simplicité et la grâce des têtes, l'harmonie et la transparence du coloris, revèlent partout l'admirable pinceau d'André del Sarte.

Bois, hauteur 88 cent., largeur 64 cent.

SASSOFERRATO (Gio-Batista salvi da)

LA VIERGE ET L'ENFANT JÉSUS.

43. — La Vierge soutient sur elle son divin Fils, qui dort avec cet abandon, avec cette profonde sécurité qu'on ne trouve que dans les bras d'une mère; elle le presse sur son sein d'une double étreinte où respire l'amour maternel dans sa plus haute et sa plus touchante expression. Vêtue d'une robe rouge et d'une draperie bleue dans les plis de laquelle elle a reçu le Rédempteur, elle porte encore sur la tête un voile blanc dont la simplicité s'accorde bien avec la candeur et la modestie empreintes sur tous ses traits.

L'ordonnance, le mérite du pinceau, l'éclat du coloris, l'union des teintes, qui sont adoucies avec un soin remarquable; la convenance de la pose et le noble caractère de la tête de Marie, permettent de placer ce tableau au rang des bons ouvrages de Sassoferrato, et de le regarder comme une preuve notable des avantages qu'il avait recueillis à étudier et à copier l'Albane, le Guide, Raphaël et le Dominiquin.

Toile, hauteur 75 cent., largeur 62 cent.

VÉRONÈSE (paolo caliari).

PORTRAIT DE FEMME.

44. — C'est une jeune et belle fille du pays de Venise, représentée de trois quarts, debout, à mi-corps, et tenant sur le revers de la main gauche un écureuil, au cou duquel est un collier avec une chaîne en or, qui vient se rattacher à un bracelet enrichi de pierres précieuses et de ciselures, dont le bras de sa maîtresse est entouré. Elle est coiffée, suivant la mode de son pays, d'un bonnet d'étoffe blanche

formant un voile qui retombe derrière sa tête. Ce bonnet est fixé sur le front par un bandeau de pierres précieuses et de perles. Des boucles d'oreilles et un collier en perles fines achèvent sa riche parure. Son vêtement consiste en une robe d'étoffe verte rayée, bordée d'un galon d'or, avec des torsades qui servent à le boutonner; il est entr'ouvert par devant; des manches courtes dépassent celles de la chemise. Cette chemise, peu montante, et retroussée jusqu'au coude, permet de deviner facilement les charmes de la gorge, et d'admirer la beauté de deux bras faits au tour. Une rose est placée sur son sein, qui n'a rien à redouter de ce voisinage. Les cheveux, d'un blond doré, sont bouclés sur le devant, et par derrière tombent négligemment sur ses épaules. — Paul Veronèse a dû peindre avec amour cette physionomie qui annonce une admirable nature de femme. Elle se détache sur un fond formant une embrasure de croisée, au travers de laquelle on découvre un bout de paysage qui révèle à lui seul la main du grand maître. La tête, la gorge, les bras, sont d'un modelé ravissant. En outre, la tête a cet air calme et reposé que les artistes grecs donnaient à leurs statues comme le plus favorable au développement de la beauté. La touche est ferme sans dureté; le coloris est magnifique; en un mot Paul Véronèse se déploie ici tout entier.

Toile, hauteur 1 mètre, largeur 78 cent.

ÉCOLE FRANÇAISE.

(Les tableaux suivants étaient placés dans le salon précèdant la galerie de M. le comte Perregaux.)

DEMARNE.

LA RÉPRIMANDE DU CURÉ.

45. — Quel gros péché peut donc avoir commis ce pauvre nigaud que le curé du village admoneste si gravement? Négligeait-il son ouvrage pour s'occuper trop vivement de la jeune fille qui est là, faisant de la dentelle et baissant les yeux avec embarras? C'est possible, car nous croyons que cette bonne femme, assise, trouve que son fils aîné est trop prompt à vouloir tâter du mariage, — peut-être même qu'il en veut tâter avant le sacrement, — lorsqu'elle-même en est encore à allaiter un nouveau-né; aussi accueille-t-elle de l'air le plus approbateur l'admonestation du prêtre. Une bande de marmots jouent à la fossette au pied d'un gros arbre, ni plus ni moins que si M. le curé était à cent lieues de là, tandis que près de lui sont deux petites filles dont l'une détourne la tête avec une parfaite indifférence, et dont l'autre n'écoute le pieux personnage que pour rire sournoisement de son sermon. Mais ce n'est rien encore en comparaison de la scène qui se passe à l'entrée même de la maison, et qui nous montre un homme, déjà d'un âge mûr, embrassant une jeune fille dont le geste lui recommande seulement la prudence. C'est donc, quoiqu'il ne manque pas d'auditeurs, comme si le bon curé prêchait dans le désert.

Cette composition pétille d'esprit et se fait encore remarquer par le mérite de la couleur, de la touche et des détails.

Bois, hauteur 24 cent., largeur 32 cent.

M. DUBUFE.

LE NID.

46. — Sous ce titre l'artiste nous présente une jeune et belle femme qui, prenant le plaisir salutaire du bain dans une fontaine ombragée d'arbres touffus, découvre tout à coup un nid de mésanges entre les branches d'un saule. Cette découverte lui cause un sentiment de surprise et de joie dont la double expression se lit sur son visage. De quelque triste augure que soit l'arbre sur lequel elle l'a trouvé, on dirait que ce nid est pour elle le présage du bonheur.

Toile, hauteur 1 mètre 40 cent., largeur 1 mètre 63 cent.

LA MÉSANGE.

47.—Mais, hélas! une loi fatale de la condition humaine veut que le bonheur sur la terre soit de courte durée, et la joie suivie de regrets et de chagrins. Telle est, croyons-nous, l'idée philosophique que M. Dubufe achève de représenter à nos yeux, en nous montrant cette même femme assise tristement sur une causeuse et tenant une mésange morte dans la main droite. Peut-être n'est-ce là, pour la Lesbie moderne, que l'emblème d'une perte plus réelle, et ne lui reste-il pas un ami qui la console en célébrant en beaux vers la mort de son oiseau chéri.

De toutes les formes dont l'imagination d'un artiste pouvait revêtir cette idée, M. Dubufe a certainement choisi l'une des plus légères; mais M. Dubufe n'est pas un sévère moraliste qui cherche à produire sur les âmes une impression profonde et durable. A coup sûr, s'il avait à opter entre le génie grave et solennel de Tacite ou de Bossuet, et l'esprit gracieux d'Anacréon ou de Chaulieu, la nature de son talent le porterait à donner la préférence à cet esprit, encore bien qu'un peu superficiel; or, c'est une règle d'une application absolue que celle qui nous commande de ne point forcer notre talent.

Quoi qu'il en soit, trop peu de temps s'est écoulé depuis le salon de 1831, où ces deux productions ont figuré, pour qu'il nous soit donné de reviser les jugements dont elles furent l'objet à cette époque. Pour elles la postérité n'est pas venue, et c'est la postérité seule qui les classera d'une manière définitive. En attendant, nous rappellerons qu'un critique (voyez le *Moniteur*), annonçant que ces tableaux vaudraient à M. Dubufe un succès plus général et plus populaire qu'à l'exposition de 1827, y reconnaissait un vif désir de plaire et de séduire ; et il ajoutait que les formes élégantes de la jolie baigneuse, et le teint de lis et de roses, qui enjolive les carnations de la dame à la mésange, avaient un puissant attrait pour la multitude.

Toile, hauteur 1 mètre 40 cent., largeur 1 mètre 63 cent.

FORBIN (LE COMTE DE).

LE CAMPO SANTO, A PISE.

48. « Le pape Innocent II, poursuivi par l'anti-pape Anaclet, s'était réfugié à Pise; un Grec, son serviteur fidèle, vient l'avertir de l'arrivée des sicaires d'Anaclet. Innocent II, après avoir quitté l'autel où il officiait pontificalement, assisté de l'archevêque de Pise, son ami, se rend secrètement

dans le cloître du Campo Santo pour s'y dépouiller de ses vêtements pontificaux. Deux sbires de la garde de l'archevêque de Pise l'attendaient et le conduisirent dans les montagnes de Lucques, où le pontife trouva, dit-on, pendant quelque temps un asile. »

C'est en ces termes que le livret du salon de 1827 explique le sujet de ce tableau, qui y parut avec un grand éclat et obtint des éloges dont M. Delécluse a constaté l'unanimité dans le Journal des Débats. Un autre critique déclarait que l'entente des effets de la couleur produisait une illusion extraordinaire dans l'intérieur du Campo Santo (*Voyez* le Moniteur). Enfin l'auteur d'une Revue du salon de 1827, après avoir fait remarquer que la perspective de cette longue galerie était rendue avec talent; qu'il y avait de l'air et du soleil dans ce tableau, plus ferme de touche et d'effet que ceux du même artiste exposés en 1824, terminait en disant que le Campo Santo était un des meilleurs ouvrages de genre de ce salon. Il est certain que M. de Forbin s'était élevé, cette fois, à un degré de mérite qu'il n'avait pas encore atteint, et qu'il n'a point surpassé depuis; de sorte que cet ouvrage peut être regardé comme le meilleur qu'il ait fait.

Toile, hauteur 1 mètre 50 cent., largeur 1 mètre 96 cent.

FRAGONARD.

LA MAITRESSE D'ÉCOLE.

49. — Munie d'un grand pain d'après lequel on peut mesurer l'appétit de ceux à qui elle va le partager, la maîtresse d'école est entourée d'une demi-douzaine de marmots dont un, debout, et la tête baissée devant elle, reçoit une réprimande qu'il écoute d'un air piteux, mais non sans amuser deux espiègles à moitié cachés derrière un grand tableau destiné à écrire.

Toile, hauteur 38 cent., largeur 37 cent.

L'HEUREUSE FAMILLE.

50. — Un mari et sa femme, celle-ci tenant un petit garçon entre ses bras, celui-là une petite fille, sont assis auprès d'un tronçon de colonne décoré d'un bas-relief, et causent avec un paysan qui montre sa tête à une fenêtre en même temps que son âne, à qui une autre petite fille donne à manger dans son tablier.

Les amateurs ne refuseront pas une juste part d'estime à l'adresse d'exécution, à la facilité de faire, à la gentillesse des têtes, qui distinguent ces deux petits tableaux.

Toile, hauteur 39 cent., largeur 37 cent.

GIRODET.

TÊTE DE VIERGE.

51. — Elle est représentée en buste et vue de trois quarts. Les cheveux lissés et fixés par un léger cordon d'or autour de la tête, se séparent au milieu du front en deux parties pour aller former à la hauteur des tempes deux tresses qui passent au-dessus des oreilles, et s'attachent derrière le cou dans les plis d'un voile blanc que la Vierge a roulé et ramené sur son sein gauche contre lequel elle le presse de la main droite. Elle porte par-dessus un corset rouge-brun artistement brodé en or, une robe d'un vert sombre dont les manches serrées à l'avant-bras, s'élargissent au delà du coude et forment des plis retenus par un cordon de même couleur.

Beaucoup de nos contemporains peuvent se rappeler la vive et profonde sensation que fit cette vierge au salon de 1812. On s'accorda, dès lors, pour y louer une grande pureté de contours dans les traits, ainsi qu'une expression calme et douce, quoique un peu sévère. On fit encore remar-

876

quer que le buste entier se détachait heureusement sur un ciel bleu clair; que les cheveux, le corset et les manches étaient bien ajustés, le voile blanc posé avec grâce sur le cou et la poitrine, les plus petits détails rendus avec un soin extrême. On ajouta même que, sous le rapport de l'exécution et de l'effet général, ce tableau réveillait le souvenir des belles têtes de vierge de Raphaël et de Léonard de Vinci. Il ne fallait pas moins, sans doute, pour justifier le succès qu'il obtint alors et que nous serons heureux de voir se confirmer dans la nouvelle épreuve par laquelle il va passer.

GREUZE (JEAN-BAPTISTE).

L'AMOUR.

52. — Paré pour tout vêtement d'une légère draperie de couleur lilas, qui voltige autour de son beau corps, en laissant à nu ses épaules, l'Amour, les ailes déployées et les bras étendus, comme pour prendre l'essor, tourne à gauche sa tête rayonnante de beauté et de jeunesse, mais où un regard fixe et insensible contraste avec la douceur de ses grands yeux bleus et le charme décevant de toute sa physionomie. Cette tête, dont la chevelure blonde partagée par une raie en deux parties égales, livre aux zéphyrs ses touffes soyeuses, est rejetée en arrière par une sorte de mouvement rapide et impatient, et semble ne répondre à des larmes, à des reproches peut-être, que par un air de la plus froide indifférence. On dirait l'amour volage et trompeur, qui abandonne une de ses victimes.

Bois, hauteur 47 cent., largeur 38 cent.

PSYCHÉ.

53. — Cette victime, on peut la reconnaître dans cette

adorable Psyché, dont les longs cheveux châtains, ornés plutôt que retenus par un cordon de perles, pendent en désordre le long d'un cou flexible. Elle incline tristement la tête sur l'épaule droite avec tous les signes d'une douleur muette, empreinte sur tous ses traits sans en altérer la grâce pénétrante, et particulièrement dans ses yeux et sur ses lèvres d'où un tendre reproche semble prêt à s'exhaler. Les contours d'un sein qu'on croirait formé par la main des Grâces, s'échappent d'une tunique blanche, sur laquelle elle a jeté négligemment une draperie bleuâtre bordée d'une broderie en or.

Il faudrait emprunter à la langue la plus riche ses termes les plus éloquents pour pouvoir exprimer dignement la grâce et la beauté de ces deux têtes. Et même nous ne savons si la parole humaine pourrait ici rivaliser avec le pinceau de Greuze. Sans doute, pour peu qu'on ait d'âme, il est impossible de résister à la séduction de ce pinceau si suave, de ces lignes si harmonieuses, de ces contours si mollement arrondis, du charmant abandon de ces attitudes, de cette expression si différente dans les deux physionomies, et en même temps si vraie, si saisissante! Mais quant à donner une idée de tout ce que cette peinture nous fait éprouver, nous déclarons cette tâche au dessus de notre plume. Que ces formes sont d'un choix ravissant! Qu'il y a de flexibilité, de souplesse dans ces membres! Que ces caractères de tête sont enchanteurs! Que de vie, de sentiment, de naturel, de poésie! Quelle grâce dans ce dessin! Quelle admirable fusion de toutes les teintes! Quel doux éclat dans ce coloris! Quelle morbidesse dans les carnations! C'est tout à la fois une volupté exquise, chaste, intime, délicieuse, qui parle au cœur, à l'esprit et aux yeux, comme celle que respirent les immortelles productions du Corrége.

Bois, hauteur 46 cent., largeur 38 cent.

M. GUDIN (THÉODORE).

COUP DE VENT DU 16 JUIN 1830, A SIDI-EL-FERUCH.

54. — L'armée française, destinée à faire la conquête d'Alger, était débarquée depuis deux jours, à cinq lieues ouest de cette ville, dans la presqu'île de Sidi-el-Feruch, dont la pointe est signalée par une tour d'observation et de défense, à laquelle est adossée une petite mosquée, qui renferme le tombeau d'un marabout en grande vénération dans le pays et dont la presqu'île a reçu son nom. Le 16 juin, au moment où les tirailleurs venaient de recommencer le feu, qui n'avait pas cessé depuis ces deux jours, et tandis que les troupes du génie poussaient avec activité les travaux de retranchement de la presqu'île, un coup de vent du nord-ouest fit naître les plus vives inquiétudes pour le salut de la flotte et de l'armée. Plusieurs grands navires étaient menacés d'être jetés à la côte, et chassaient déjà sur leurs ancres; mais l'amiral Duperré leur ordonna de prendre le large, et grâce à cette précaution, on ne perdit que quelques transports ou chaloupes de débarquement, que le vent poussa sur les récifs. L'armée de terre souffrit aussi de l'ouragan; la pluie, qui tomba par torrents, durant six heures, inonda bientôt les tentes, les barraques et les retranchements; mais les premiers rayons du soleil rendirent aux soldats leur résolution et leur gaieté ordinaires.

Nous ne pouvons dire du tableau dans lequel M. Gudin a représenté cette scène d'un intérêt si dramatique, et qui, par ses circonstances matérielles devait séduire un peintre de marines aussi distingué, que ce que nous avons dit tout-à-l'heure des productions de M. Dubufe : le salon de 1831, où il a été exposé, est encore trop près de nous, les impressions qu'il a laissées sont encore trop récentes, pour que nous recommencions à juger un ouvrage que tout le monde a vu, étudié, apprécié à loisir, et qui, sans nul doute, est resté dans la mémoire de tous.

Toile, hauteur 1 m. 50 cent., largeur 1 m. 96 cent.

TAUNAY (NICOLAS).

LA PARTIE DE BILLARD.

Bois, haut. 16 cent., larg. 22 cent.

LE CONCERT.

Bois, haut. 16 cent., larg. 22 cent.

55 et 56. — Une composition de bon goût, une foule de figures dans des attitudes très variées, et qui sont touchées avec esprit, un coloris brillant, concourent à rendre ces deux petits tableaux également agréables.

LA MORT DU CHEVALIER BAYARD.

57. — L'intérêt historique du sujet rehausse encore ici les qualités que nous venons de signaler dans les deux tableaux précédents.

Bois, haut. 16 cent., larg. 28 cent.

VERNET (JOSEPH).

ENTRÉE D'UN PORT, SOIR.

58. — L'entrée de ce port est décorée à gauche d'une belle fontaine, qui verse son eau par les gueules de deux lions dans un large bassin où des femmes et des m a teli viennent remplir, celles-là des vases de forme antique, ceux-ci des tonneaux. Entre les deux lions s'élève une statue égyptienne à laquelle manque le bras droit et qui s'appuie contre un mur en ruines, où elle est surmontée d'une pierre avec une inscription. A droite, l'extrémité

de la jetée présente une tour ronde et un bâtiment de même forme, consacrés sans doute aux besoins du service maritime. Cette jetée, au delà de laquelle la mer s'étend à perte de vue, est animée par un grand nombre de petites figures. Non loin de la tour est amarré un brick hollandais. Sur le premier plan, du même côté, et tout près d'une ancre énorme qui se dresse sur le pavé, une femme se retourne pour parler à deux matelots occupés à préparer la voile d'une barque.

Toile, haut. 46 cent., larg. 66 cent.

VUE D'UNE ANSE, MATIN.

59. — A droite s'élèvent à une grande hauteur des rochers dont l'un porte un jardin sur son sommet, tandis qu'à sa base s'ouvre une profonde caverne près de laquelle on voit un bâtiment. Plusieurs hommes montés dans une barque font force de rames pour s'avancer en mer. Le vent souffle fortement et enfle toutes les voiles d'un brick hollandais qui fend rapidement les flots. Dans le lointain, quelques bâtiments rasent la côte. Sur un rocher, à gauche, un matelot couché tout de son long cause avec deux pêcheurs. Plus à droite, tout-à-fait au premier plan, quatre hommes font d'énergiques efforts pour mettre une barque à flot. D'autres petites figures, et principalement un groupe de trois femmes, se montrent au second plan dans des attitudes et des actions différentes.

Ces deux tableaux, dont l'un reproduit avec vérité les tons chauds et brillants d'un soleil d'été à son couchant, et l'autre l'air vif et pur du matin, ne démentent pas les éloges que Joseph Vernet a reçus de tout temps pour la poésie et le style qu'il a mis dans ses compositions, non moins que pour le talent avec lequel il dessinait et posait ses figures.

SUITE DE L'ECOLE FRANÇAISE.

(Les tableaux suivants étaient, de même que le Van Elst, dont il a été question page 29, placés dans les petits appartements.)

BILCOQ.

L'HEUREUX MÉNAGE.

60. — Un homme que son costume et surtout ce grand sabre et cette carnassière suspendus à la muraille font reconnaître pour un garde forestier, vient de rentrer de sa tournée habituelle dans les bois confiés à sa surveillance, et se retrouve avec bonheur au milieu de ses enfants et près de sa femme, dont il presse tendrement la taille.

Bois, hauteur 37 cent, largeur 28 cent.

BOILLY.

LA CURIOSITÉ INDISCRÈTE.

61. — Scène d'une singulière gaîté, rendue avec esprit, et qui s'explique suffisamment d'elle-même.

Toile, hauteur 40 cent., largeur 32 cent.

DEMARNE.

UNE BATAILLE.

62. — Cette bataille qui, à en juger par les costumes, paraît s'être donnée à la fin du XVe ou au commencement du XVIe siècle, est ici représentée dans le moment le plus terrible d'une ardente mêlée.

Toile, hauteur 54 cent., largeur 65 cent.

Mlle GÉRARD.

LA LEÇON DE MUSIQUE.

63. — Une jeune dame, assise dans un fauteuil, chante

en s'accompagnant de la harpe, sous la direction d'un maître de musique, pendant que trois autres jeunes personnes l'écoutent, un cahier à la main.

Bois, hauteur 40 cent., largeur 32 cent.

HILAIRE.

VUE DE CONSTANTINOPLE.

64. — La vue de Constantinople, avec son vaste port inondé des feux du soleil oriental, avec ses minarets, ses mosquées, ses palais agréablement entre-mêlés de bouquets d'arbres, formera toujours un panorama intéressant et curieux, dès qu'il sera reproduit avec fidélité tel qu'il est dans cet ouvrage.

Toile, hauteur 83 cent., largeur 1 mètre 26 cent.

OLLIVIER.

LE GUITARISTE.

Toile, hauteur 42 cent., largeur 33 cent.

LE FLUTEUR.

Toile, hauteur 42 cent., largeur 33 cent.

65 et 66. — Ces deux scènes pastorales, à l'imitation de Watteau, représentent divers groupes de personnages habillés d'une manière théâtrale, et au milieu desquels on distingue particulièrement, dans l'un, un homme jouant de la flûte, et dans l'autre, un cavalier qui a déposé sa guitare sur le gazon pour s'entretenir avec une dame.

POL (VAN).

FRUITS.

67. — Quelques gouttes de rosée répandent leur fraîcheur sur une grappe de raisin blanc et sur une autre de raisin rouge, encore attachée à son cep, qui a conservé

ses bourgeons ; des guêpes y viennent chercher leur pâture. Cinq pêches de la plus belle espèce et deux noix, dont une entr'ouverte, sont placées sur une table de marbre, où repose aussi un léger papillon aux ailes tachetées de rouge.

Marbre, hauteur 32 cent., largeur 41 cent.

SPAENDONCK (CORNEILLE VAN).

UN BOUQUET DE FLEURS DANS UN VASE.

68. — On y remarque principalement une branche de giroflée rose, des tulipes et des marguerites de diverses espèces, une branche de seringa, une rose blanche et deux roses cent feuilles. Au pied du vase et sur la table de marbre où il est posé, on voit d'un côté une branche de lilas, et de l'autre un ananas, deux pêches et une grappe de raisin noir.

Bois, hauteur 68 cent., largeur 54 cent.

UN VASE DE PAVOTS.

69. — Si la variété n'est pas dans ce vase, qui ne contient que des pavots, on la retrouve, en revanche, tout autour de son pied, où sont accumulés une branche de groseille, un melon, un ananas, cinq pêches, dont une ouverte en deux, une branche de cerisier et une grappe de raisin blanc.

Nous croyons faire un éloge suffisant de ces deux tableaux et les recommander assez à l'attention des amateurs, en rappelant le haut rang où Van Spaendonck s'est élevé comme peintre de fleurs parmi les artistes modernes

Bois, hauteur 68 cent., largeur 54 cent.

amateurs de notre époque, qui font tout pour rendre cette tâche facile et intéressante. Un goût parfait, intelligent et souvent élevé, préside à la formation de collections qui seraient la source, pour les hommes instruits, d'aperçus curieux, de remarques et de découvertes importantes.

Nous insisterons souvent sur cette question d'un intérêt général et d'un besoin senti par tous. Le sourire que provoque la burlesque érudition de quelques-unes de ces notices, ne compense pas la peine que nous éprouvons de voir cataloguer, sous la dénomination de *casserole* antique, un vase grec ou romain, et désigner par les mots trop brefs de *trois objets noirs*, *cinq objets noirs*, trois ou cinq vases étrusques. A des intervalles trop rares, il nous est donné de voir paraître des catalogues sensément faits. Cependant les bibliophiles ont donné, depuis longtemps, l'exemple aux curieux. MM. Renouard, Ch. Nodier, Leber, ont publié des catalogues raisonnés, qui sont des livres qu'on aime à relire. MM. Ch. Lenormant et de Witte ont, dans la description de la collection Durand, fourni un bel exemple de sobriété, de méthode et de science que nous regrettons de ne pas voir se reproduire plus souvent.

Dans le catalogue du cabinet du comte Perregaux qui nous occupe, le petit nombre des tableaux, que rachetaient assez leur importance et leur conservation parfaite, a fait tomber le rédacteur dans un des écueils que nous signalions tout à l'heure. Du désir d'enfler le volume de son travail, est résultée l'emphase de descriptions très-souvent maladroites ou de mauvais goût. Pour des objets de cette valeur des autorités nous eussent paru bien meilleures; et, sans vouloir attacher une importance trop grande aux généalogies, pourquoi ne pas dire, par exemple, lorsque cela était si facile, que les n°s 23 et 38 avaient fait partie de la collection de *Randon de Boisset*; que le n° 64, donné dans ce catalogue à *Paul Véronèse*, avait été gravé par *Lucas Worsterman*, sous le nom de *Titien?* pourquoi n'avoir pas fait une foule de remarques semblables qui peuvent servir à des rapprochements utiles? Les détails de ce genre sont loin d'être nuisibles; et l'importance qu'il fallait donner à ce mince livret pouvait être obtenue par une douzaine d'eaux-fortes, genre d'illustration si convenable et si peu dispendieux, aujourd'hui où beaucoup d'artistes habiles cultivent avec succès ce genre de gravure.

Quoi qu'il en soit, les tableaux qui composaient la collection du comte Perregaux se sont bien vendus. A part quelques caprices, qui ont fait monter à des prix déraisonnables les ouvrages de maîtres secondaires, par exemple le n° 17, *Un jeune Page*, par Maas, la progression qui avait été remarquée dans les ventes antérieures s'est maintenue.

Quelques maîtres restent stationnaires; Adrien Van den Velde gagne tous les jours; Teniers ne progresse plus.

La liberté et la vigueur de la touche, la chaleur et l'éclat du coloris, ont le pas sur le faire froidement spirituel ou minutieusement parfait. Malgré le discrédit dans lequel semblent être tombées de nos jours les immortelles productions des artistes italiens, si des tableaux authentiques de ces princes de l'art venaient à être mis en vente, nous ne doutons pas qu'ils ne dépassassent de beaucoup, par le prix qu'on y mettrait, les précieuses mais petites productions des maîtres hollandais.

Liste des Tableaux suivant l'ordre du Catalogue, avec les prix auxquels ils ont été adjugés et les noms des adjudicataires :

Numéros en Catalogue. — Prix. Fr.

1\. Backhuisen (*Ludolf*). Une mer orageuse. Tableau sur toile. *Haut.*, 53 *cent.*; *larg.*, 65 *cent.* Adjugé à M. Tendon...... 5,500

2\. Berghem (*Nicolas*). Le passage du Bac. Sur bois. *Haut.*, 31 *cent.*; *larg.*, 43 *cent.* A M. Laneuville jeune............ .. 12,000

3\. Berck-Heyde (*Gerrets*). Vue d'une ville de Hollande. Sur bois. *Haut.*, 42 *cent.*; *larg.*, 62 *cent.* A M. Cheval-Guenin. 1,410

4\. Bol (*Ferdinand*). Un Portrait d'homme. Toile. *Haut.*, 89 *cent.*; *larg.*, 79 *cent.* A M. de Perregaux aîné............ 2,050

5\. Both (*Jean*). Paysage, soleil couchant. Toile. *Haut.*, 84 *cent.*; *larg.*, 1 *mèt.* 5 *cent.* A M. le prince de Mecklembourg....... 21,200

6\. Cuyp (*Albert*). Un Pâturage. Bois. *Haut.*, 63 *cent.*; *larg.*, 89 *cent.* A M. Paul Perrier.................................. 18,100

7\. Le Duck (*Jean*). Un Musico hollandais. Bois. *Haut.*, 42 *cent.*; *larg.*, 62 *cent.* A M. de Chabry.......................... 900

8\. Van Dick (*Antoine*). Un Portrait d'homme. Toile. *Haut.*, 1 *mèt.* 14 *cent.*; *larg.*, 91 *cent.* A M. Paillet............... 350

9\. Van Dyck (*Philippe*). La Servante amoureuse. Bois, cintré. *Haut.*, 27 *cent.*, *larg.*, 19 *cent.* A M. Rondel............... 2,460

10\. Van Elst. Les Pêcheurs. Toile. *Haut.*, 28 *cent.*; *larg.*, 31 *cent.* A M. Pelletier................................. 590

11\. Van Goyen (*Jean*). Paysage, Marine. Bois. *Haut.*, 42 *cent.*; *larg.*, 62 *cent.* A M. Mennechet.......................... 410

12\. Van der Heyden (*Jean*) et Van den Velde (*Adrien*). Vue de Ville. Cuivre. *Haut.*, 29 *cent.*; *larg.*, 39 *cent.* A M. Laneuville jeune........... 17,003

Jamais peut-être un Van der Heyden n'avait été porté à un prix aussi élevé.

13\. Hobbema (*Minder*). L'entrée d'un Bois. Bois. *Haut.*, 61 *cent.*; *larg.*, 85 *cent.* A M. Leroy (de Bruxelles).................. 23,000

14\. De Hooch (*Pierre*). Cour intérieure d'une maison hollandaise. Toile. *Haut.*, 74 *cent.*; *larg.*, 63 *cent.* A M. Paillet......... 12,700

15\. Van Huysum (*Jean*). Fleurs et Fruits. Bois. *Haut.*, 79 *cent.*; *larg.*, 61 *cent.* A M. Lambert........... 10,000

16\. Karel du Jardin. Passage du Gué. Toile. *Haut.*, 51 *cent.*; *larg.*, 47 *cent.* A M. le baron de Rothschild................ 26,300

17\. Maas. Un jeune Page. Toile. *Haut.*, 64 *cent.*; *larg.*, 53 *cent.* A M. Duchatel.................. 4,001

Ce Tableau, qui ne vaut pas le quart de ce qu'il a été payé, est un exemple de ce que peuvent produire dans les ventes les commissions illimitées et la rencontre de deux caprices.

Numéros du Catalogue.		Prix. Fr.
18.	METZU (*Gabriel*). La Collation. Bois. *Haut.*, 40 *cent.*; *larg.*, 31 *cent.* A M. Leroy (de Bruxelles)...	9,030
19.	VAN DER MEULEN. Promenade en Carrosse. Toile. *Haut.*, 49 *cent.*; *larg.*, 76 *cent.* A Mº Hazard...	1,005
20.	MIERIS (*François Van*). Le Chant interrompu. Bois. *Haut.*, 27 *cent.*; *larg.*, 22 *cent.* A M. Eug. Duthuis...	22,100
21.	MORO (*Antoine*). Portrait d'Homme. Toile. *Haut.*, 69 *cent.*; *larg.*, 56 *cent.* A M. George...	403
22.	OMMEGANG. Le Retour des Troupeaux. Bois. *Haut.*, 1 *mèt.* 1 *cent.*; *larg.*, 1 *mèt.* 21 *cent.* A M. Niweneuse...	13,000
23.	OSTADE (*Adrien Van*). La partie de Trictrac. Bois. *Haut.*, 30 *cent.*; *larg.*, 25 *cent.* A M. de Morkhove...	7,000
24.	OSTADE (*Adrien Van*). La partie de Trictrac et la partie de Cartes. Bois. *Haut.*, 35 *cent.*; *larg.*, 25 *cent.* A M. de Morkhove.	7,000
25.	OSTADE (*Isaac Van*). Le Repos. Bois. *Haut.*, 46 *cent.*; *larg.*, 39 *cent.* A M. Eug. Duthuis...	15,000
26.	POTTER (*Paulus*). Le Maréchal-Ferrant. Bois. *Haut.*, 48 *cent.*; *larg.*, 46 *cent.* A M. de Perregaux aîné...	15,000
27.	PINACKER (*Adam*). Vue dans les montagnes. Toile. *Haut.*, 97 *cent.*; *larg.*, 81 *cent.* A M. Simonet...	1,905
28.	PINACKER (*Adam*). Paysage dans les montagnes. Bois. *Haut.*, 39 *cent.*; *larg.*, 46 *cent.* A M. de Morkhove...	1,100
29.	ROMEYN (*Guillaume Van*). Paysage montagneux avec animaux. Bois. *Haut.*, 36 *cent.*; *larg.*, 41 *cent.* A M. Malhebiou...	910
30.	RUBENS (*Pierre-Paul*). Sainte Catherine (demi-nature). Bois. *Haut.*, 1 *mèt.*; *larg.*, 73 *cent.* A M. Weles...	3,250
31.	RUBENS (*Pierre-Paul*). Le Sommeil de l'Enfant-Jésus. Marouflé sur bois. *Haut.*, 36 *cent.*; *larg.*, 29 *cent.* A M. Tence (de Lille). Tableau douteux.	900
32.	RUYSDAEL (*Jacques*). Une Chute d'eau. Toile. *Haut.*, 79 *cent.*; *larg.*, 99 *cent.* A M. Artaria (de Londres)...	16,000
33.	RUYSDAEL (*Salomon*). Paysage maritime. Bois. *Haut.*, 40 *cent.*; *larg.*, 61 *cent.* A M. Giroux...	599
34.	STEEN (*Jean*). La Servante au corsage rouge. Bois. *Haut.*, 37 *cent.*; *larg.*, 27 *cent.* A M. Hoop...	9,950
35.	TENIERS (*David*). Un Cabaret de village. Bois. *Haut.*, 33 *cent.*; *larg.*, 40 *cent.* A M. de Perregaux aîné...	11,800
36.	TENIERS (*David*). L'Espion, ou le corps-de-garde des Singes. Bois. *Haut.*, 34 *cent.*; *larg.*, 51 *cent.* A M. George...	3,000
37.	TER BURCH (*Gérard*). La Dégustation. Bois. *Haut.*, 39 *cent.*; *larg.*, 30 *cent.* A M. Paillet...	8,000
38.	VAN DEN VELDE (*Adrien*). Le Départ pour la Chasse. Toile. *Haut.*, 50 *cent.*; *larg.*, 44 *cent.* A M. le baron de Rothschild.	26,850
39.	VAN DEN VELDE (*Guillaume*). Un Combat naval. Toile. *Haut.*, 87 *cent.*; *larg.*, 1 *mèt.* 10 *cent.* A M. de Perregaux aîné...	22,100
40.	WOUWERMANS (*Philippe*). L'Espion. Toile. *Haut.*, 57 *cent.*; *larg.*, 75 *cent.* A M. de Perregaux aîné...	35,100
41.	WYNANTS (*Jean*). Coteau sablonneux. Toile. *Haut.*, 44 *cent.*; *larg.*, 50 *cent.* A M. Niweneuse...	3,450
44.	VERONESE (*Paulo-Caliari*). Portrait de Femme. Toile. *Haut.*, 1 *mèt.*; *larg.*, 78 *cent.* A M. de Morkhove...	2,510
52.	GREUZE (*Jean-Baptiste*). L'Amour. Bois. *Haut.*, 47 *cent.*; *larg.*, 38 *cent.* A M. de Perregaux aîné...	7,500
53.	GREUZE (*Jean-Baptiste*). Psyché. Bois. *Haut.*, 46 *cent.*; *larg.*, 36 *cent.* A M. Ferd. Laneuville...	8,550

BULLETIN-CHRONIQUE.

Gravure.

Parmi les maîtres, Léonard de Vinci est un des plus difficiles à graver. Avec une science consommée et une extrême justesse de dessin, on peut interpréter assez fidèlement certains maîtres florentins dont le principal mérite est dans la tournure des lignes et la précision des contours. Mais Léonard n'est pas seulement un dessinateur correct et grandiose, c'est encore un fin coloriste. Par la dégradation des nuances, il arrive à un modelé intérieur et à une harmonie de lumière presque inexplicables. On peut espérer produire quelques effets de Rembrandt et des coloristes capricieux, avec d'habiles et heureuses tentatives d'eau-forte ou d'aqua-tinte. Mais la simplicité de Léonard est d'une imitation plus difficile et pour laquelle le hasard ne sert de rien.

Or, la Joconde est une des œuvres les plus parfaites de Léonard. Les qualités de l'illustre Milanais y sont poussées à une extrême limite. La pureté des formes est exquise ; la lumière est fine, harmonieuse, pénétrant partout. Le modelé du visage, les petits accents de physionomie qui entourent le coin de la bouche et la courbure du menton, le regard, la grâce du col, et les deux belles mains si douces et si distinguées, comment rendre tout cela par les ressources si bornées de la gravure? Avec la pointe sèche, vous attraperez le contour tout au plus, mais jamais ces reflets presque imperceptibles et ces délicates transitions dans la gamme de la lumière. Si vous noyez le travail du burin dans des combinaisons de procédés mélangés, vous courez grand risque de perdre la correction du dessin.

On ne saurait donc être d'une exigence trop rigoureuse pour M. Fauchery, qui a entrepris une pareille reproduction. Dans les arts, à la vé-

www.ingramcontent.com/pod-product-compliance
Ingram Content Group UK Ltd.
Pitfield, Milton Keynes, MK11 3LW, UK
UKHW021558260726
13993UKWH00002B/923